선생님이 알려주는 지진 이야기

초판 1쇄 인쇄 | 2023년 3월 23일
초판 1쇄 발행 | 2023년 3월 31일

지은이 | 조영경
펴낸이 | 박영욱
펴낸곳 | 깊은나무

주　소 | 서울시 마포구 월드컵로 14길 62
이메일 | bookocean@naver.com
네이버포스트 | post.naver.com/bookocean
페이스북 | facebook.com/bookocean.book
인스타그램 | instagram.com/bookocean777
전　화 | 편집문의: 02-325-9172　영업문의: 02-322-6709
팩　스 | 02-3143-3964

출판신고번호 | 제 2013-000006호

ISBN 979-11-91979-31-2 (73450)

*이 책은 깊은나무가 저작권자와의 계약에 따라 발행한 것이므로 내용의 일부 또는 전부를
　이용하려면 반드시 깊은나무의 서면 동의를 받아야 합니다.
*책값은 뒤표지에 있습니다.
*잘못 만들어진 책은 구입하신 서점에서 교환해 드립니다.

머리말

2023년 2월 6일 새벽. 튀르키예 중부와 남부에 규모 7.8의 지진이 일어났어. 그리고 9시간이 지난 후에는 규모 7.5의 두 번째 지진이 일어났지. 그 후에도 여진이 계속되고 2월 20일에는 또다시 규모 6.4의 지진이 일어나기도 했단다. 이 지진으로 폐허가 된 도시에서 가족과 친구를 잃은 사람들이 깊은 슬픔에 빠졌지.

지진하면 떠오르는 일본에서도 2011년 3월 11일에 일본 관측 사상 최대 규모인 9.0의 대지진이 일어났어. 지진이 일어난 이후에는 쓰나미가 해변도시를 덮치면서 건물이 무너지고 사람들이 많이 다쳤지. 무엇보다 후쿠시마 원전에 문제가 생겨 방사능이 누출되는 대형 사고가 일어났단다. 2010년에 일어난 아이티 대지진 때도 많은 사람들이 희생되었어. 아이티는 지

　진이 잘 일어나지 않는 곳이기도 했고 가난한 섬나라라 피해가 더 심했지.

　그런데 이 지진이 우리나라한테도 먼 나라 이야기는 아니란다. 2016년 9월 12일, 경상북도 경주에서 규모 5.8의 지진이 일어났어. 1978년에 지진을 관측하기 시작한 이후 한반도에서 일어난 최대의 지진이었어. 이듬해인 2017년 11월 15일에는 경상북도 포항에서 규모 5.4의 지진이 일어났단다. 포항 지진은 경주보다 규모는 작았지만 피해는 더 커서 대학 수학 능력 평가가 일주일 연기될 정도였어.

　그동안 우리나라는 비교적 지진에 안전한 지역이라고 생각했어. 그런데 우리나라도 해마다 규모 3 이상의 지진이 여러 번 일어나고 있어. 다만 피해가 별로 없었기 때문에 심각하게

생각하지 못하고 있을 뿐이야. 그런데 규모 5 이상의 지진도 10년에 한 번꼴로 일어나고 있는 것을 보면, 우리나라도 지진 안전지대라고는 할 수 없어.

지진은 자연재해야. 지진이 일어나면 건물이 무너지거나 산사태 또는 해일과 같은 1차적인 피해뿐만 아니라 발전소가 파괴되어 방사능이 누출되고 댐이 무너져 홍수가 나는 등 2차 피해도 겪을 수 있어. 지진은 일기예보처럼 미리 알기는 힘들어. 하지만 미리 준비하면 같은 규모의 지진이라도 피해를 크게 줄일 수 있단다. 그렇기 때문에 평소에 지진에 대비해야 해.

지금 이 순간에도 세계 곳곳에서 지진이 일어나고 있을 거야. 다만 그 크기가 약하기 때문에 인간이 느끼지 못할 수도 있어. 약한 지진 정도는 괜찮다고 생각하면 큰 착각이야. 눈에

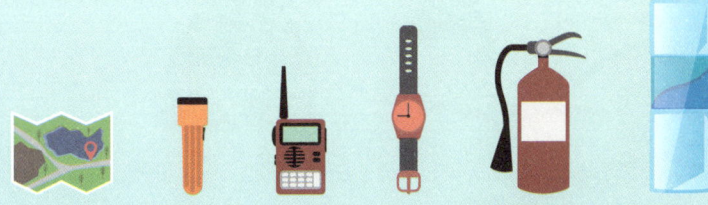

보이지 않는 땅 밑에서는 엄청난 힘이 모이고 있는 중일 수도 있거든.

이 책에는 지진에 대한 기본적인 상식과 지진으로 인한 또 다른 자연 재해가 일어났을 때 대피 방법 등을 장소에 따라 자세히 소개하고 있어. 평소 생활하는 가운데 잘 익혀 두어서 만약의 경우를 대비하도록 하자.

차례

머리말 4

1장 지진이 일어나는 이유

01 땅이 흔들리는 지진 12
02 달에서도 지진이 일어나 20
03 지진마다 종류가 달라 24
04 한 덩어리 땅이었던 지구 31
05 지진의 크기를 알고 싶어 40
06 지진계 만들기 48

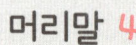

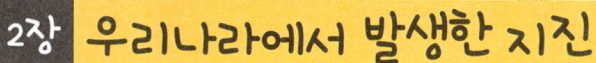

2장 우리나라에서 발생한 지진

01 한반도에 지진이 일어났다 54
02 여진이 일어나는 이유 59
03 쓰나미, 그것이 알고 싶다 64
04 끼리끼리 모인 지진과 화산 70
05 지진이 일어난 후 80

3장 지진에 대비하는 방법

01 지진이 일어났을 때 대처하기 90
02 지진 예보가 필요해 99
03 동물들은 지진을 미리 안다? 104
04 일본에 지진이 자주 일어나는 이유 109
05 우리를 지진으로부터 보호해주는 건축가들 114
06 지진학자가 하는 일 120

1장
지진이 일어나는 이유

땅이 흔들리는 지진

지진이 뭘까?

지진은 다들 알다시피 땅이 흔들리는 현상을 말해. 지구가 탄생한 이후로 지진이 일어나지 않은 적이 없어. 아마 지금도 세계 어디에선가 지진이 일어나고 있을 거야. 도시든 초원이든 땅이든 바다든 어디든지 말이야.

아주 먼 옛날 사람들은 땅이 흔들리는 이유를 알지 못했어. 그래서 여러 가지 생각을 했지. 그리스에서는 포세이돈이 삼지창으로 땅을 두드리기 때문에 지진이 생기는 거라고 생각했대. 그리고 힌두교에서는 땅 밑에 거대한 코끼리가 있다고 믿었대. 이 코끼리가 움직이면 땅이 흔들려서 지진이 일어난다고 생각한 거야. 일본에서는 깊은 바닷속에 사는 거대한 메기가 움직이면 지진이 일어난다고 믿었지. 먼 아프리카의 모잠비크 사람들은 지구가 감기에 걸리면 지진이 일어난다고 생각했대. 감기에 걸리면 추워서 몸이 으슬으슬 떨리듯 지구가 흔들린다고 말이야. 추운 시베리아에 사는 사람들은 신이 지구를 거대한 썰매에 싣고 다닌다고 생각했대. 그런데 이 썰매를 끄는 개가 벼룩에 물려 몸을 긁을 때 지구가 덜컹덜컹 흔들린다고 생각했지. 심지어 17세기까지만 해도 지진은 하늘의 거대한 종이 울려서 땅이 흔들리는 것이라고 생각한 과학자도 있었단다.

 오랜 세월 지진은 사람들에게 호기심과 관심의 대상이었어. 하지만 정확한 원인은 몰랐으니 두려움의 대상이기도 했을 거야. 보이지 않는 힘이 땅 전체를 흔들어대니 말이야. 그래서 불안한 마음에 지진이 일어나면 사람들은 제물을 바치거나 신에게 기도를 했어. 그러면 지진이 멎는다고 생각했지.

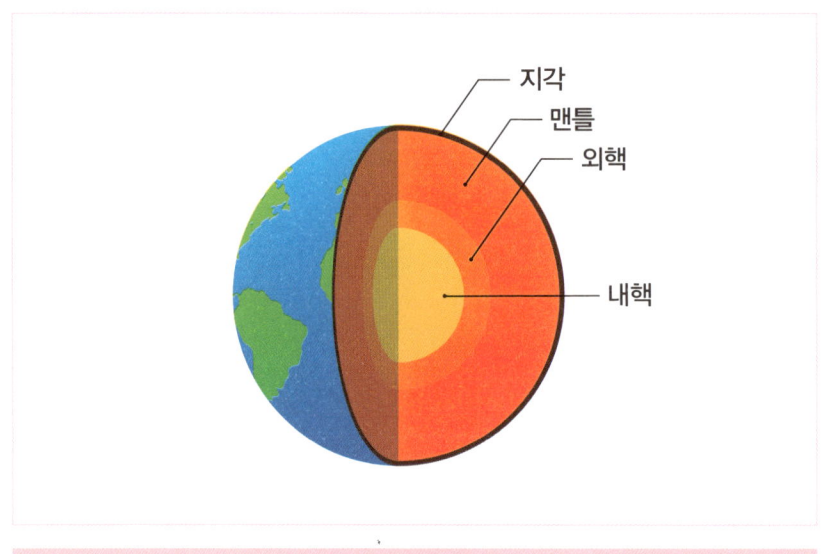

지구의 내부

지진은 왜 일어날까?

지진이 왜 일어나는지 알려면 우선 지구 속이 어떻게 생겼는지부터 알아야 해.

지구의 맨 안쪽에 '핵'이 있어. 그리고 그 위에 끈적끈적한 암석인 '맨틀'이 있고 맨틀 위에는 '지각'이 있단다. 지각은 흙이나 암석으로 이루어진 곳이야. 오랫동안 진흙이며 모래며 자갈 등이 차례로 쌓여 만들어졌지. 이렇게 여러 층으로 되어 있는 것을 '지층'이라고 해.

단층의 종류

이 지층이 어떤 힘에 의해 잘라진 것을 '단층'이라고 하는데 이때 지진이 일어나는 거야.

지진이 일어나는 또 다른 이유는 지각이 여러 개의 판으로 이루어졌기 때문이야. 판은 맨틀의 영향을 받아 조금씩 움직이고 있어. 그러다가 판과 판이 만나거나 밀치면서 땅이 심하게 흔들려 지진이 일어나는 거야. 그 외에 화산이나 폭탄이 폭발했을 때도 지진이 일어날 수 있어. 또는 지하에 빈 공간이 무너질 때도 지진이 일어나지.

지진대가 뭘까?

지구 곳곳에서 지진이 일어난다고 했지만, 그 가운데도 유

환태평양 조산대(불의 고리)

독 지진이 잘 일어나는 곳이 있어. 그러한 곳을 '지진대'라고 해. 가장 유명한 지진대는 태평양 주변을 따라 발생하는 '환태평양 지진대'야. 전 세계에서 발생하는 지진의 약 70%가 이곳에서 발생하고 있어. 그 외에 인도네시아에서 히말라야를 거쳐 지중해에 이르는 '알프스 히말라야 지진대'가 있지. 또 대서양의 깊은 바다 밑에 산맥처럼 솟은 지형인 해령을 따라 나타나는 '중앙 해령 지진대'가 있어. 이러한 지진대는 지각 변동이 활발하게 일어나기 때문에 지진이 일어나는 경우가 많아.

지진은 얼마나 힘이 셀까?

지진은 그 크기가 아주 다양해. 아주 약한 지진은 사람이 알지 못할 정도로 약하게 흔들리기도 하지만, 강한 지진이 발생하면 건물이 무너지거나 땅이 갈라지기도 한단다. 또한 화재도 발생하고 산이 무너지기도 하며 바다에서는 해일이 일기도 하지. 그 과정에서 많은 사람이 목숨을 잃거나 다치기도 해. 그뿐만 아니라 삶의 터전까지 잃어버리기 때문에 사람들은 몸은 물론 마음에도 깊은 상처를 받는단다. 게다가 지진이 일어난 상태에서는 전염병이 발생하기 쉽고, 이미 상처받은 사람들은 면역력도 약해져서 또 다른 피해를 입기 쉬워. 정신적으로도 트라우마가 생겨서 땅이 흔들리는 듯한 멀미를 호소하기도 하고 작은 충격이나 소리에도 깜짝 놀란단다. 또한 불안해서 잠을 제대로 자지 못하기도 해.

역사상 최악의 지진이라면 1556년 1월 23일에 발생한 중국의 산시성 지진이야. 무려 83만 명에 가까운 사람들이 목숨을 잃었다고 해. 절벽의 동굴에 살던 사람들이 동굴이 무너지는 바람에 목숨을 많이 잃었어. 당시 산시성의 인구가 100만 명 정도였다고 하니, 도시 전체가 무너졌다고 할 수 있지. 중국에서는 이외에도 1976년 7월 탕산에서 약 50만 명이 목숨을 잃었어. 이때는 처음 지진이 일어나고 3시간 뒤에 또 지진이 일어나면서 건물들이 모두 무너지고 말았단다. 더욱 놀라운 일은 탕산의 지진과 같은 크기의 지진이 매년 20건 정도 발생하고 있다는 거야. 다행히 사람이 별로 없는 곳에서 일어나기 때문에 피해가 적을 뿐이지.

미국에서도 엄청난 지진이 일어난 적이 있어. 1906년 4월, 미국 샌프란시스코에서 일어난 지진은 미국 역사상 최대의 지진으로 손꼽힌단다. 700여 명이 목숨을 잃었고 건물이 무너지면서 30만 명이나 되는 사람들이 살 곳을 잃었어. 단 65초 동안 일어난 지진이었지만 도시 전체가 폐허가 되었다고 할 정도로 엄청난 지진이었지. 또한 1811년 미국 미주리주에 일어난 지진은 미시시피강의 흐름을 바꾸어 놓을 정도로 엄청났단다.

가까운 일본에서 2011년에 일어난 동일본 대지진은 규모 9로 1900년대에 일어난 지진 가운데 네 번째로 강한 지진이었어. 그리고 일본에서 관측한 지진 가운데 가장 큰 규모였지.

무엇보다 쓰나미로 방사능이 누출되는 사고가 일어났는데, 그 정도가 1986년에 발생한 소련 체르노빌 원전사고와 비슷했어. 2023년 2월 6일 튀르키예에서 발생한 지진으로 5만 명이 넘는 사람이 목숨을 잃었어(2023년 2월 25일 기준). 모두가 잠든 새벽에 일어난데다가 대부분의 건물이 납작하게 무너져서 더 많은 사람들이 목숨을 잃었지.

달에서도 지진이 일어나

지진이 달에서도 일어날까?

태양계에서 생명은 유일하게 지구에만 존재해. 다른 행성에는 산소라든지 물이 부족하기 때문에 생명체가 살기 힘들다고 해. 어쩌면 인류가 아직 생명을 발견하지 못했을지도 모르지만 말이야. 어쨌든 아직 생명체를 발견하지 못한 다른 행성은 죽은 듯이 고요해 보여. 화산 폭발이나 지진은 물론 아무런 움직임도 없을 것 같고 말이야.

하지만 달에서도 지진이 일어나. 달에서 일어난 지진을 '월진'이라고 해. 1960년대 이후, 미국의 아폴론 계획으로 달 표면에 지진계를 설치했어. 그랬더니 월진은 1년에 약 3천 번 정도 일어났다는 기록이 있어. 우주를 떠돌던 운석이 달에 부딪혀 지진이 일어나기도 하지만, 두께가 60km인 달의 지각이나 맨틀에서 일어나는 경우가 많아.

월진은 지구의 지진에 비해 진동 시간이 길단다. 왜냐하면 달은 지진파를 흡수하기 어려운 물질로 이루어져 있기 때문이야. 또는 지각이 불균일해서 그렇다는 주장도 있어.

지진뿐만 아니라 달에서는 화산 활동도 볼 수 있어. 물론 지구에서처럼 마그마가 솟아오르며 폭발하는 것은 아니야. 때때로 가스를 분출하거나 용암이 나오는 것 정도이지. 달 내부에서 계속 열을 내고 있지만 워낙 내부 온도가 높아서 화산 활동이 아주 특별한 것은 아니라고 해. 그렇게 달은 30억 년 동안 지형에 큰 변동이 없단다.

다른 행성에서도 지진이 일어날까?

화성에 '바이킹'이라는 무인 착륙선이 있어. 바이킹에는 지진계가 장착되어 지진을 관측하고 있단다. 1년 정도 관측해

보니 규모 3 정도의 지진도 기록되었단다.

화성에서 일어난 지진을 '화진'이라고 해. 지진으로 지구의 내부가 어떻게 생겼는지 알 수 있었듯이 화진으로 화성의 내부 구조를 밝힐 수 있었어. 화성 지각은 표면에선 100km까지야. 그리고 2,000km 깊이까지는 맨틀이 존재하고 있어. 가장 안쪽에 있는 핵은 지구와 달리 고체로만 구성되어 있어. 또한 맨틀이 없기 때문에 화성은 판구조론이 불가능하다고 해.

태양의 흑점 때문에 지진이 일어난다고?

태양은 일부 어둡게 보이는 현상이 있어. 이것을 '흑점'이라고 해. 흑점에서는 강력한 방사선을 방출해서 간혹 흑점 폭발로 지구의 전파를 어지럽히기도 한단다. 2012년에 태양 흑점이 폭발해서 지구에 1시간 동안 통신 장애가 일어난 적도 있으니까 말이야. 때로는 정전을 일으키기도 해. 그래서 1989년 3월, 캐나다 퀘벡에서 600만 명이 9시간 동안 어둠 속에서 떨기도 했어.

흑점은 1610년 갈릴레이가 천체망원경으로 처음 찾아냈어. 동양에서도 기원전 28년에 흑점을 관찰했다는 기록이 있고, 우리나라도 고려 때 태양의 흑점을 발견했지. 그런데 태양의 흑점이 나타나면 지진이 일어난다는 이야기가 있어. 그래서 흑점이 나타나면 하늘에 제사를 지냈다고《조선왕조실록》에 기록되기도 했지. 하지만 태양의 흑점과 지진과는 이렇다 할 관계가 없다고 해.

지진마다 종류가 달라

지진파가 뭘까?

지진이 일어나는 곳을 '진원'이라고 해. 진원에서 수직으로 지표와 만나는 지점, 그러니까 지진이 일어난 땅 위를 '진앙'이라고 한단다. 지진의 강도는 진앙지가 가장 세고 주변으로 갈수록 약해져. 보통 지명을 넣어 'OO 지진'이라고 하면 지진의 진앙이 'OO'라는 뜻이야.

그런데 지진이 일어난다고 해서 딱 그곳만 흔들리는 것이 아니야. 저수지에 돌을 던지면 물결이 일듯이 진동이 지구 내부나 표면을 따라 전파된단다. 이것을 '지진파'라고 해.

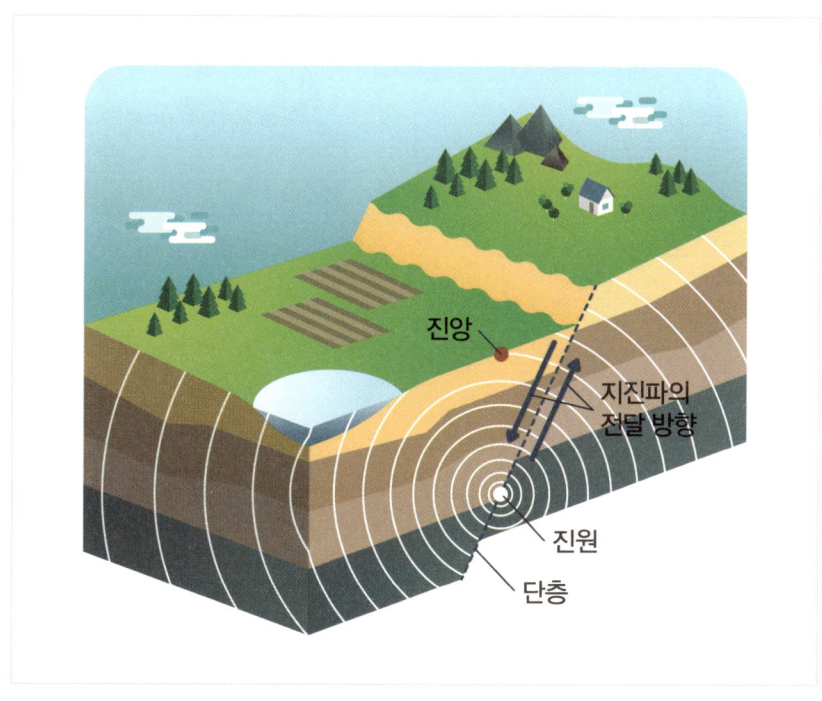

지진 활동

그리고 지진이 일어날 때 진동이 일정한 방향으로 흔들리지 않아. 복잡하게 마구 흔들리기 때문에 지진파도 여러 가지란다. 지진파는 아주 복잡하지만 크게 두 가지로 나뉘어. 하나는 지구 내부에서 지구 표면까지 닿는 '실체파'이고 다른 하나는 지구의 표면을 통해서 전달되는 '표면파'야. 실체파는 다시 P파와 S파로 나뉘고, 표면파는 러브파와 레일리파로 나뉜단다.

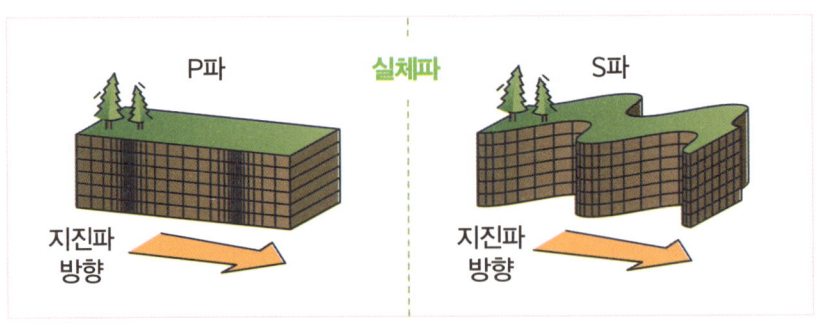

P파와 S파

P파와 S파는 어떻게 다를까?

P파는 첫 번째라는 뜻의 'primary'의 첫 글자이고, S는 두 번째라는 'secondary'의 첫 글자를 따서 붙인 거야. 그러니까 P파는 첫 번째로 도착한 지진파이고 S파는 두 번째로 도착한 지진파라는 뜻이지.

P파는 밀거나 당기면서 움직여. 지진파의 진행 방향과 진동 방향이 같은 '종파'야. 고체, 액체, 기체 모든 물질을 통과하지. 반대로 S파는 위아래로 움직인단다. 지진파의 진행 방향과 진동 방향이 수직인 '횡파'라고 해. 그리고 S파는 고체만 통과하는 특징을 가지고 있어.

P파와 S파는 속도도 다르단다. P파는 1초에 6~8km를 움직

이고 S파는 1초에 3~4km를 움직여. P파가 S파보다 빠르기 때문에 P파와 S파의 도착 시간을 비교하면 진원지가 어디인지 알 수 있어. 그리고 S파가 도착하기 전에 경보를 발령하면 어느 정도 피해를 줄일 수 있단다. 보통 P파보다 S파가 더 큰 피해를 주기 때문에 그나마 다행이라고 할 수 있지. 우리나라는 면적이 좁은 편이라 지진을 관측한 후 2분 이내에 전국으로 퍼질 수 있어.

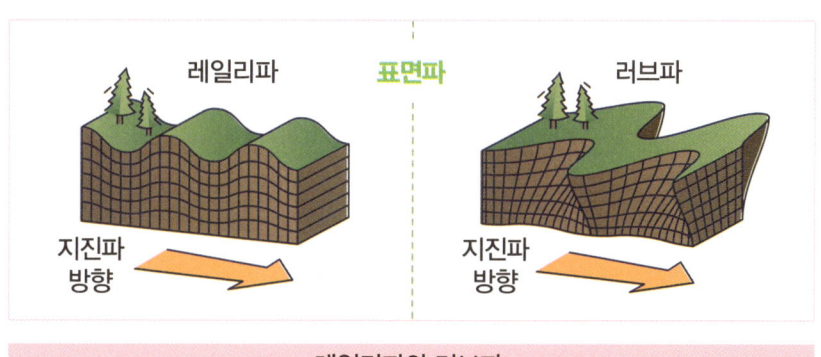

레일리파와 러브파

레일리파와 러브파는 또 뭘까?

P파와 S파가 지구 표면에 도달하면 표면파를 만들어. 그리고 표면파는 지구의 표층을 따라 전해지지. 표면파는 실체파

에 비해 진동이 크고 파장이 길어. 그리고 지구 표면을 따라 진동이 전달되어 지면을 크게 흔들기 때문에 산사태를 일으키거나 건물을 무너뜨리는 등 지진파 가운데 가장 큰 피해를 준단다. 속도는 느린 편이라 가장 나중에 관측소에 도달하지만, 큰 지진의 경우에는 지구를 여러 바퀴 돌기도 해. 주로 표면파는 진원의 깊이가 얕을수록 더 쉽게 발생한다고 해.

표면파에는 레일리파와 러브파가 있다고 했지. 레일리파는 1885년 영국의 물리학자 레일리가 발견했어. 속도는 느리지만 가로로 진행하는 지진파의 속도에 대해 연구할 수 있었지. 러브파는 1911년 즈음에 영국의 수학자 러브가 수학적으로 유도해 낸 지진파야. 속도는 실체파보다는 느리지만 그래도 레일리파보다는 빨라. 그리고 지진파들 중 가장 파괴력이 강하단다.

지진파 연구는 왜 할까?

지구의 반지름은 약 6,400km야. 지구에서 가장 높다는 에베레스트산도 1km가 되지 않는단다. 그런데 6,400km라니 상상할 수 있겠니? 그런 지구의 속을 바로 지진파가 알려 주었어. 지진파는 단순히 지진의 종류나 지진 경보 때문에 연구하는 것이 아니야.

지진파는 어떤 물체를 만나면 반사하거나 굴절하는 성질을 가지고 있어. 이러한 성질을 '파동'이라고 해. 그런데 1909년, 유고슬라비아의 과학자 모호로비치치는 지진파를 연구하다가 이상한 점을 발견했어. 지진파가 지각 36km 부근에서 갑자기 속도가 빨라지는 거야. 게다가 굴절도 하고 말이야. 아무 물체가 없으면 그대로 직진할 텐데 갑자기 방향을 틀거나 속도에 변화가 생겼다는 것은 새로운 물체 또는 물질에 부딪혔다고 볼 수 있어. 그래서 모호로비치치는 지하 35km부터 지각과 다른 물질로 된 층이 있다고 생각했어. 그리고 이 생각은 옳았단다. 바로 지각 아래 맨틀을 발견한 거야. 훗날 학자들은 모호로비치치의 업적을 기리기 위해 지각과 맨틀의 경계면을 '모호로비치치 불연속면' 또는 '모호면'이라고 부르게 되었어.

모호면 아래로 내려갈수록 지진파의 속도는 빨라져. 그런데 이번에는 독일의 베노 구텐베르크가 더 깊은 2,900km 부근에서 지진파의 속도가 줄어드는 것을 발견했어. 게다가 P파와 달리 S파는 그대로 사라져버리고 말이야. 바로 맨틀과 외핵의 경계에 이른 거야. S파가 사라지는 것을 알고 S파는 고체밖에 통과하지 못한다는 것도 알게 되었지.

더 깊은 지구의 속을 알아낸 것은 덴마크의 여성 지질학자 잉게 레만이야. 2900km에서 꾸준히 증가하던 P파가 5,100km에서 다시 증가했어. 여기가 바로 외핵과 내핵의 경계란다.

이렇게 지구의 속을 들여다볼 수 있던 것이 바로 지진파 덕분이었어. 이제 왜 지진파를 연구해야 하는지 알겠지?

한 덩어리 땅이었던 지구

먼 옛날 땅의 모습은 어떨까?

세계 지도를 보면 아프리카 서쪽과 남아메리카 동쪽이 마치 퍼즐 조각처럼 맞는 것을 볼 수 있어. 그런데 우연의 일치가 아니란다. 진짜로 옛날에는 아프리카 대륙과 남아메리카 대륙이 붙어 있었어. 아니, 모든 대륙이 한 덩어리였단다.

항해 기술이 발전하면서 사람들은 신대륙을 찾아 나섰어. 그리고 새로운 대륙을 발견하면 여러 가지 자료를 수집했지. 그런데 남아메리카와 아프리카를 조사하던 과학자들은 놀라지 않을 수 없었어. 왜냐하면 멀리 떨어진 두 대륙에서 해양

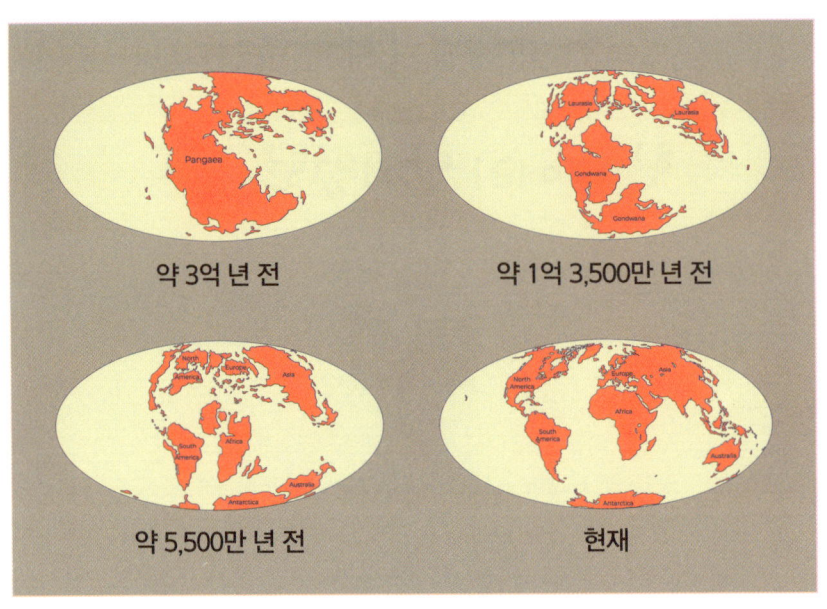

대륙의 이동

파충류인 메소사우루스와 달팽이의 화석이 발견된 거야. 거대한 대서양을 사이에 두고 어떻게 두 대륙에서 같은 화석이 발견될 수 있었을까? 그래서 사람들은 재미있는 생각을 했어. 혹시 두 대륙이 하나였던 것은 아닐까? 아니, 어쩌면 모든 대륙은 하나가 아니었을까 하고 말이야.

베게너가 누구지?

베게너는 독일의 기상학자였어. 어느 날 아프리카와 남아메리카에서 달팽이 화석이 발견된 것을 보고 이상하게 생각했지. 아무리 생각해도 달팽이가 대서양을 건넜다는 것이 불가능해 보였거든. 혹시 대륙이 갈라진 것이 아닐까 하는 생각이 들었어. 그래서 여러 대륙을 퍼즐처럼 맞춰보기 시작했지. 그랬더니 정말로 대륙이 하나의 덩어리가 되는 거야.

그렇다고 선뜻 자신의 생각을 말할 수는 없었어. 근거가 있어야 하니까 말이야. 그래서 베게너는 증거를 모으기 시작했어. 우선 화석을 연구했지. 메소사우루스나 달팽이 같은 동물 화석은 물론이고, 글로소프테리스 같은 식물 화석도 연구했어. 대륙을 붙이면 화석이 발견된 곳이 자연스럽게 연결되니, 이보다 더 좋은 증거가 어디 있겠어?

생물뿐만이 아니야. 지질학적으로도 멀리 떨어진 대륙들이 서로 지층의 순서가 딱 맞아떨어졌어. 예를 들면 스칸디나비아반도의 칼레도니아산맥은 바다에서 끝나지만, 북아메리카에 있는 애팔래치아산맥과 이어보면 암석의 종류나 지질 구조가 딱 들어맞아. 옛날에는 하나로 이어졌다는 증거이지. 빙하도 훌륭한 증거가 되었어. 3억 년 전에 있던 빙하의 흔적 역시 대륙과 대륙이 이어져 있었거든. 이쯤 되면 대륙이 하나였다는 증거는 확실했어.

드디어 1915년, 베게너는《대륙과 해양의 기원》이라는 책에서 대륙은 원래 하나였다고 주장했어. 그리고 대륙이 이동해서 지금과 같은 모양을 갖추었다는 '대륙이동설'을 주장했지.

그런데 과학자들은 베게너의 이야기에 귀를 기울이지 않았어. 우선 베게너는 지질학자가 아니라 기상학자였어. 그리고 대륙이 한 덩어리였다고 해도 어떤 힘에 의해 지금처럼 나뉘게 되었는지에 대한 설명을 하지 못했어. 그래서 당시 사람들은 베게너의 주장을 그냥 흘려들었어.

그래도 베게너는 자신의 주장에 더욱 힘을 싣기 위해 계속 탐험을 했어. 하지만 1930년, 그린란드 탐사에서 실종된 베게너는 그만 이듬해에 얼음 속에서 발견되었단다.

베게너와 뜻을 같이한 과학자는 누구?

베게너의 이론은 많은 사람들에게 호응을 받지 못했지만 관심을 보이는 과학자도 있었어. 베게너의 이론이 완전히 터무니없어 보이지는 않았던 거야. 게다가 지진파에 대한 연구가 이루어지면서 지구 내부가 여러 가지 물질로 되어 있다는 것을 알게 되었지. 그래서 지각 아래의 맨틀이 지각을 움직였을 거라는 가설을 세우기 시작한 거야.

맨틀은 단단한 암석이 아니라 끈적끈적한 것이 액체에 가까운 물질이야. 영국의 지질학자 홈스는 맨틀이 대류를 하면서 대륙을 움직였을 거라고 생각했어. 대류란 뜨거운 것은 위로 올라가고 차가운 것은 아래로 내려가는 현상을 말해. 주전자에 물을 끓일 때, 주전자 아래만 가열을 했는데도 주전자 안의 물이 끓는 것이 바로 대류 현상 때문이야. 하지만 맨틀이 대류를 한다는 것을 증명할 방법이 없었어. 그래서 베게너처럼 홈스의 주장도 잊혔어.

그러던 중 1962년, 미국의 지질학자인 헤스는 새로운 생각을 떠올렸어. 만약 대륙이 이동한다면 해양지각도 이동할 것이라고 말이야. 바닷속에도 땅이 있다는 것은 알고 있지? 그것을 '해양지각'이라고 해. 헤스는 해양지각을 조사했어. 그 결과 오래된 지각은 계속 밀려서 이동하다가 맨틀 속으로 들어가면 새로운 지각이 만들어진다는 것을 알게 된 거야. 그러면서 홈스의 맨틀 대류설이 힘을 얻게 되었어. 그렇게 판들이 맨틀 대류에 의해 이동하면서 판과 판의 경계부에서는 지각 변동이 일어난다는 '판구조론'이 드디어 등장하게 되었단다. 1967년 일이니 그리 오래된 것도 아니야.

판구조론

판구조론이 뭘까?

판구조론은 지구 표면이 여러 개의 판으로 이루어졌다는 주장이야. 우리나라는 유라시아판에 속해 있어. 그 외 대표적인 판으로는 태평양판, 인도-오스트레일리아판, 북아메리카판, 남아메리카판, 아프리카판, 남극판 등이 있단다.

판은 지각과 맨틀의 윗부분을 포함한 100km 정도의 두꺼운 암석층이야. 판의 아랫부분이 살짝 녹으면서 판이 움직이게 된다는 것이 판구조론이지. 드디어 베게너의 대륙 이동설이 인정받는 순간이야. 물론 베게너의 생각대로 대륙 전체가 이동하는 것이 아니라 판이 움직이는 것이기는 하지만 말이야.

지금 이 순간도 판은 계속 움직이고 있어. 판이 움직인다고는 했지만 사람이 느낄 수 있는 정도의 속도는 아니야. 보통 1년에 1~12cm 정도 움직이니까 말이야. 그래도 어쨌든 판과 판 사이에는 틈이 생길거야. 그러면 그 틈은 어떻게 되냐고? 판과 판이 멀어지는 그 경계에는 마그마가 상승하면서 새로운 해양지각 즉 '해령'이 만들어져. 해령은 좁은 산맥 모양의 솟아오른 부분을 말해. 해저산맥이라고 할 수 있어. 대서양의 중앙 해령이 바로 판과 판이 멀어지고 있는 곳이야. 또 아이슬란드는 대서양 중앙 해령이 바다 위로 나와 있는 곳이지. 섬이 쪼개져도 마그마가 계속 분출되고 있기 때문에 아이슬란드에 화산이 많단다.

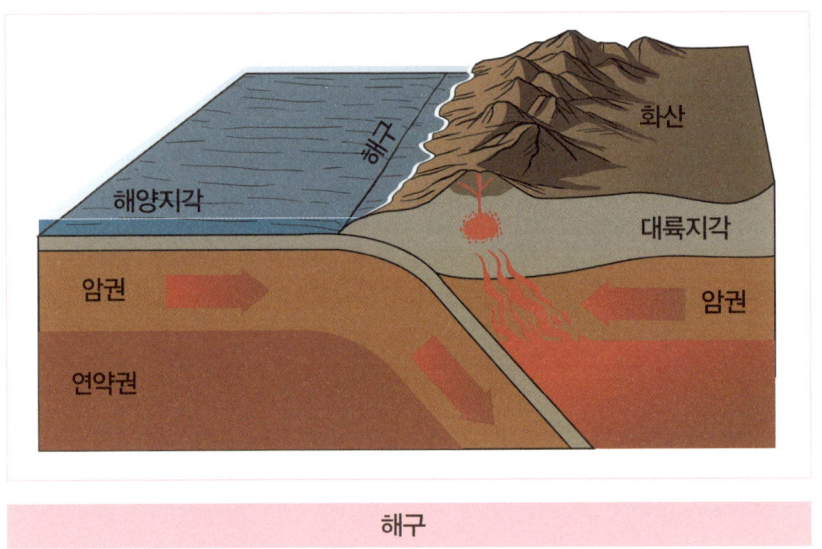

해구

판은 멀어지기만 하는 것은 아니야. 서로 가까워져서 충돌이 생기기도 해. 그러면 한쪽이 다른 한쪽으로 파고들거나 솟아오르게 돼. 보통 해양판이 대륙판보다 밀도가 높아. 그래서 해양판이 대륙판보다 무거워서 대륙판 아래로 밀려들어 가기

쉽지. 그 경계에 생긴 것이 바로 '해구'야. 바닷속의 깊은 골짜기란다. 해양판인 태평양판과 대륙판인 유라시아판과 충돌해서 생긴 곳이 바로 일본의 해구야. 해양판이 대륙판 아래로 들어가면서 지진이 일어나는데, 일본에 화산과 지진이 많이 일어나는 이유이기도 하단다. 2011년 3월에 일어난 동일본 대지진이 바로 태평양판이 북아메리카판 아래로 들어가면서 일어난 해구형 지진이야.

지진의 크기를 알고 싶어

지진에도 크기가 있을까?

예로부터 지진은 많은 사람에게 공포였어. 무엇인지 알 수는 없지만 지진이 일어나면 그 공포를 기록으로 남겼단다. 그런데 문제가 있었어. 내가 느끼는 지진에 대한 공포와 다른 사람이 느끼는 지진의 공포가 아주 달랐던 거야. 같은 지진에 대해서도 어떤 사람은 발밑이 살짝 흔들리는 정도라고 하고 어떤 사람은 몸이 쓰러질 정도로 아득한 흔들림이었다고 하니까 말이야. 그래서 어떤 기준이 필요했어.

학자들이 지진의 크기를 나누는 작업을 시작했어. 마침 전보가 발명되면서 지진에 대한 정보가 많아졌어. 여기저기에서 지진에 대한 정보가 쏟아지자 지질학자들은 목록을 만들기로 했어.

지진의 세기를 누가 정했을까?

1902년 이탈리아의 지진학자 주세페 메르칼리는 지진이 일어났을 때의 피해 정도를 단계로 나누었어. 처음에는 10계급이었는데 지금은 12등급으로 바뀌어 사용하고 있어. 바로 '수정 메르칼리 진도'라고 해. 진도는 로마 숫자로 표시한단다.

I	매우 적은 사람만 느낀다.
II	높은 건물에서 가만히 서 있는 사람 정도가 느낄 수 있다.
III	흔들림을 느끼지만 지진이라고 생각하지 않을 정도의 흔들림이다.
IV	실내에 있는 사람들이 느낄 수 있고, 창문과 문에서 소리가 난다.
V	거의 모든 사람이 느낄 수 있으며 접시와 창문이 깨진다.
VI	모든 사람이 느낄 수 있고, 무거운 가구가 움직인다.
VII	사람이 서 있기 힘들고 건물이 손상될 수 있다.
VIII	무거운 가구가 쓰러지고 오래된 건물이 무너질 수 있다.

IX	방진 설계가 된 건물도 손상을 입을 수 있다.
X	벽돌 건물과 철근 구조물이 파괴될 수 있다.
XI	다리가 파괴될 수 있다.
XII	모든 것이 파괴되고 사물이 공중으로 튀어 오른다.

메르칼리의 진도로 지진의 세기를 가늠해볼 수 있어. 우리나라도 2001년부터 수정 메르칼리 진도를 사용하고 있단다.

리히터란 무엇일까?

지진을 나타낼 때 진도 말고 '규모'라는 것이 있어.

1927년, 대학원생이었던 리히터는 지진 기록을 살펴보다가 진도로 지진을 표시하는 데 문제가 있다는 것을 깨달았어. 지진은 같은 지진이라도 땅이나 건물의 상태에 따라 피해 정도가 달라. 예를 들어 사람이 별로 없는 초원보다는 건물들이 밀집해 있는 곳의 인명 피해와 재산 피해가 더 많겠지. 그리고 같은 지진이라고 해도 진원에서 가까운 진앙 부근의 피해와 멀리 떨어진 곳의 피해도 다를 거야. 아무리 강한 지진이라도 멀리 떨어진 지점에서 발생하면 진도는 작게 나타날 수밖에 없어. 그래서 진도는 객관적인 과학 자료로는 사용할 수 없다는 것을 알게 된 거야.

리히터는 1935년에 절대적인 지진 등급인 리히터 규모를 제안했어. 진폭과 진동주기를 생각해서 절대적인 값으로 지진을 표시하는 방법이지. 보통 뉴스에서는 지진의 세기를 리히터 규모로 표시해. 지진 자체의 에너지를 정확하게 계산하여 숫자로 표시한 거야. 계산한 값이기 때문에 소수 첫째 자리까지 표시해서 나타낸단다.

2010년 아이티 지진은 리히터 7.0이었고 사망자와 실종자가 25만 명에 이르렀어. 그런데 1989년 미국 캘리포니아에서 발생한 규모 6.9의 지진은 62명이 사망하는 데 그쳤어. 규모는 비슷했지만 아이티가 진원이 좀 더 가까웠고 건물이 많이 붕괴되어 피해가 컸지. 이렇듯 지진의 피해는 환경에 따라 달라. 그렇다고 지진의 세기까지 달라지면 안 되겠지. 그래서 과학자들은 지진이 가진 세기를 나타내는 리히터 규모를 많이 사용해.

0 ~ 1.9	느끼지 못함
0 ~ 2.9	지진계에 의해서만 탐지가 가능하며 대부분의 사람이 진동을 느끼지 못함
3 ~ 3.9	인간은 자주 느끼지만 피해는 입지 않음
4 ~ 4.9	방 안의 물건들이 흔들리는 것을 뚜렷이 관찰할 수 있지만 심각한 피해는 입지 않음
5 ~ 5.9	약한 건물에 심한 손상
6 ~ 6.9	최대 160km에 걸쳐 건물들을 파괴하며, 1년에 약 120건 발생
7 ~ 7.9	넓은 지역에 걸쳐 심한 피해를 입히며, 1년에 약 18건 정도 발생
8 ~ 8.9	수백 km 지역에 걸쳐 심한 피해를 입히며, 1년에 1건 정도 발생
9 ~ 9.9	수천 km 지역을 완전히 파괴하는데, 약 20년에 1건꼴로 발생
10 이상	한 번도 기록된 적이 없고 지구적인 파괴가 예상됨

이렇게 지진의 세기를 나타내는 것에 규모와 진도가 있어. 정리하면 진도는 지진으로 입은 피해를 상대적으로 나타낸 것이고, 규모는 발생한 지진의 세기를 절대적인 숫자로 표시한 거야. 그렇다면 규모 5.0 지진과 진도 5.0의 지진은 같은 걸까? 아니야. 규모가 5.0이라도 진도는 진앙, 진원에서 가까울수록 크고 멀어질수록 작아져. 그러니까 똑같은 지진이라도 진도는 위치에 따라 달라진단다.

지진이 일어났을 때 진도를 기준으로 대응을 해. 왜냐하면 지진의 힘이 얼마인가보다는 지진 때문에 어떤 상황이 발생할 것인지가 더 중요하기 때문이야. 특히 진도와 규모는 헷갈리면 안 돼. 만약 진도 8에 규모 6인 지진이 발생했다고 하자. 그런데 헷갈려서 진도 6이라고 하면 그 피해가 더 커질 수 있어. 진도 8은 오래된 건물이 무너질 정도이고, 진도 6은 무거운 가구가 움직이는 정도이니 차이가 많이 나잖아. 이처럼 진도에 따라 대응이 달라지기 때문에 규모와 구분해서 써야 해.

규모 10인 지진도 있을까?

리히터의 지진은 규모 10까지 기록되어 있어. 그 이상의 지진은 없냐고? 다행히 아직 그 이상의 지진은 발생한 적이 없어. 그렇다고 절대 발생하지 않는다고도 할 수 없어.

2011년 일본에서 일어난 동일본 대지진은 규모 9.0이었어. 쓰나미 때문에 2만 명 가까이나 되는 사람들이 목숨을 잃었고, 원자력 발전소에서 방사능이 누출되어 전 세계가 공포에 떨었어. 동일본 대지진은 일본 관측 사상 최대이지만 역사적

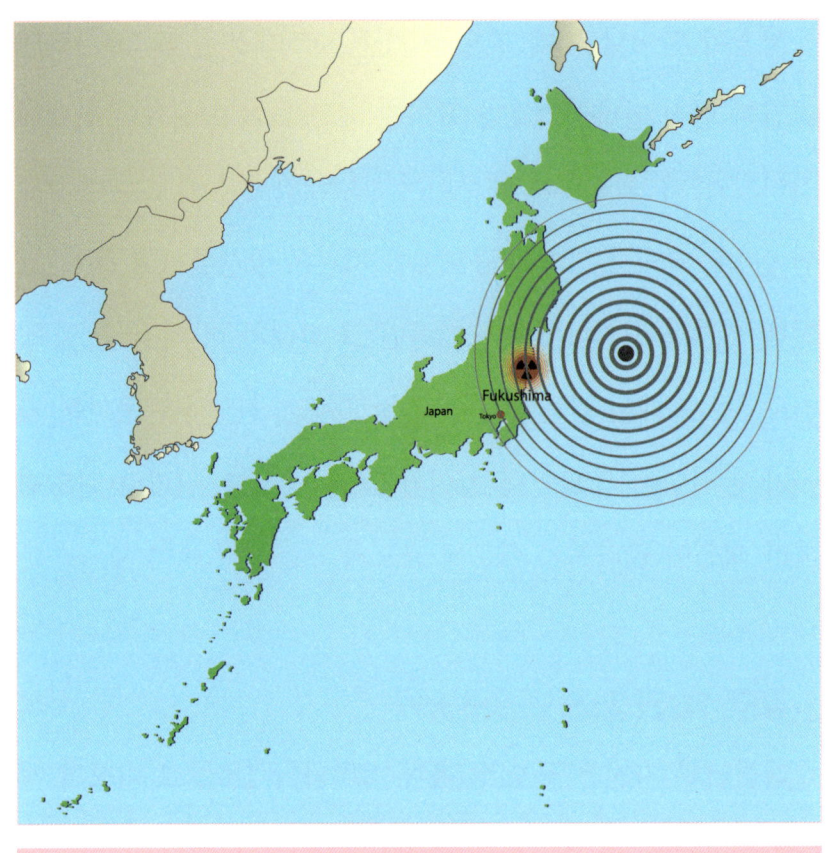

일본 동일본 대지진

으로는 네 번째로 강력한 지진이었단다. 1960년에 일어난 칠레 대지진은 규모 9.5였어. 그리고 1964년 알래스카 지진은 규모 9.2였고, 2004년 인도네시아 수마트라 지진은 규모 9.1이었단다.

겨우 숫자 1만큼 커지는 거지만, 리히터 규모는 1이 커질 때마다 에너지는 30배가 증가해. 그러니까 규모 6은 규모 5보다 30배나 강력하다고 할 수 있어. 그리고 규모 6과 규모 4의 크기는 30배에 또다시 30배이니까 900배가 되는 거야. 어느 정도인지 잘 안 와 닿지? 규모 1은 폭탄(TNT) 60톤에 해당해. 그렇게 계산을 해 보면 규모 6의 지진은 히로시마에 투하된 원자폭탄과 같단다. 일본에서 규모 9.0인 지진이 일어났을 때 겉으로 보기에 우리나라는 피해가 없는 듯했지. 그런데 동일본 대지진은 한반도 단층 구조까지 바꿔놓아 2016년 9월 우리나라 경주에서 일어난 지진의 원인이 되기도 했어. 그러니 규모 10의 지진이 일어나면 상상할 수도 없을 정도로 피해가 엄청날 거야. 하지만 무작정 두려워만 할 것은 아니야. 지진에 대해 더 연구해서 대비만 잘하면 피해는 줄일 수 있어.

지진계 만들기

지진계는 누가 처음 만들었을까?

온도를 잴 때 온도계를 사용하듯 지진파를 잴 때 지진계를 사용해. 지진계는 관성을 이용해 기록하는 거야. 관성이란 정지한 물체는 정지해 있으려고 하고, 움직이는 물체는 계속 움직이려고 하는 성질을 말해. 지진이 일어나면 공중에 매달린 추는 관성에 의해 가만히 있으려 하고, 땅에 놓인 책상은 땅과 함께 움직이려고 하지. 추는 가만히 있고 종이가 움직이면서 기록하는 것이 지진계의 원리야.

지진계를 처음 만든 사람은 중국의 장형이야. 천문학자이자 수학자인 장형은 직접 관측하고 연구해서 지구는 둥글다는 것을 알고, 달빛은 햇빛이 달에 반사된 것이라는 것을 알아냈어. 그리고 구리로 천문을 관측하는 '혼천의'를 만들었단다.

당시 중국에 지진이 자주 발생했어. 지진이 나면 집이 무너지고 사람들이 많이 죽었지. 장형은 그 상황을 상세히 기록하고 132년에 지진계인 '지동의'를 만들었어. '후풍지동의'라고 불리는 이 지진계는 원통에 용 여덟 마리가 청동 구슬을 입에 물고 있는 장식이 있어. 그리고 그 아래에는 개구리가 입을 벌리는 모양이 있지. 지진이 발생하면 구슬이 용의 입에서 개구리 입으로 떨어져. 그때 소리가 나는 것으로 지진이 발생했다는 것을 알 수 있도록 했단다. 지동의는 기계라고 하기에는 아주 화려해. 그리고 지진의 크기를 알기보다는 지진이 발생했는지 정도만 알 수 있는 장치였지만 그 먼 옛날에 지진을 확인할 수 있는 기계를 만들었다는 게 아주 놀라워.

지진계는 어떻게 발달했을까?

지진이 많이 발생하는 일본에서는 에도 시대 후기에 사쿠

마 쇼잔이 최초로 지진 '예지기'를 만들었어. 1855년에는 이탈리아의 루이지 팔미에리가 지진이 발생한 시각과 지속 시간을 알려주는 '수은 진동계'를 개발하기도 했지.

조금 발전된 지진계는 1880년대에 존 밀른이 만들었어. 일본 도쿄제국 공과대학의 교수였던 밀른은 요코하마에서 지진을 직접 경험했어. 그 후 일본에 지진학회를 세우고 여러 장치를 개발했단다. 공중에 매달린 추와 기록 용지로 만들어진 간단하고 편리한 발명품이었지. 관성의 법칙에 의해 기록되는 이 지진계는 펜을 이용해 종이에 기록했어. 컴퓨터로 기록하는 요즘에 비하면 간단하지만 당시 밀른의 지진계는 정밀했어. 그리고 덕분에 지진학에서 지구 내부를 살피는 연구가 시작됐지.

우리도 지진계를 만들 수 있을까?

간단한 수평 지진계를 만들어 볼까? 수평 지진계는 지진이 발생했을 때 수평으로 움직임이 없게 만들어진 추가 진동을 기록하게 하는 거야.

수평 지진계 만들기

사인펜이나 연필을 심이 있는 부분만 남겨 주고 몸통을 고무 찰흙으로 감싸도록 해. 그렇게 추를 만들어서 스탠드에 매다는 거야. 이때 추의 사인펜 심이나 연필심이 종이에 닿도록 길게 매도록 해.

만든 수평 지진계를 책상 위에 놓고 책상을 양옆으로 가볍게 흔들어보자. 그러면 무거운 추는 움직이지 않고 제자리에 있고, 책상이 움직이면서 종이에 수평의 진동이 기록될 거야.

2장
우리나라에서 발생한 지진

한반도에 지진이 일어났다

우리나라에 왜 지진이 일어날까?

우리나라는 유라시아대륙판 경계부에서 살짝 벗어나 있어. 그렇기 때문에 경계에 있는 일본이나 중국에 비해 지진이 일어나는 횟수며 규모가 작아. 그렇다고 우리나라가 지진 안전지대는 아니야. 우리나라는 본격적으로 지진을 관측한 1978년부터 해마다 규모 3 이상의 지진이 여러 차례 일어나고 있단다. 규모 5 이상의 지진도 10년에 한 번꼴로 일어나고 있어. 1980년 북한에서 일어난 규모 5.3의 지진이 가장 강력했지만, 2016년 9월 12일에 경상북도 경주에서 규모 5.8의 지진이 일어났어. 그리고 이듬해 2017년 11월 15일에 경상북도 포항에서도 규모 5.4의 지진이 일어나 온 국민이 불안에 떨었지. 그렇다고 우리나라가 갑자기 지진이 잘 일어나는 지대로 바뀐 것은 아니야.

지진은 지각끼리 부딪치면서 어긋나는 단층에서 발생한다고 했지. 그런데 한 번 지진이 일어난 단층 가운데에는 계속 움직이는 단층이 있어. 이 단층을 '활성단층'이라고 해. 우리나라에는 활성단층이 450개 있다고 알려져 있어. 그 가운데 경주와 양산, 부산을 잇는 양산단층이 가장 큰 활성단층이야.

지진이 발생했던 곳은 땅속에서 어떠한 움직임이 있는지 아무도 몰라. 움직임이 멈추었다면 다행이지만 반대로 더 강한 힘을 쌓고 있을 수도 있어. 그 에너지가 언제 터질지 모르기 때문에 늘 지진에 대해 대비하고 있어야 해.

옛날에는 지진이 일어날 때 어떻게 했을까?

우리나라 역사에 처음 기록된 지진은 고구려 제2대 왕인 유리왕 때야. 서기 2년에 우리나라에서 지진이 발생했다는 기록이 있어. 이것은 최초의 기록일 뿐이야. 그전에도 많은 지진이 일어났을 거야. 신라 시대인 779년에는 경주에서 지진이 일어나 집도 무너지고 사람이 100명 가까이 숨졌다는 기록도 있어. 이 지진이 역사 문헌을 통해 가장 큰 피해를 낸 지진이라고 해. 한반도의 지진 활동이 가장 왕성했던 때는 15~18세기였어. 우리나라 역사에 기록된 지진만 2,000번이 넘는다고 해. 《조선왕조실록》에는 지진 때문에 한양 백성들이 거리에서 지냈다는 기록도 있단다. 요즘과 같은 지진계가 없었기 때문에 지진의 크기를 알 수는 없지만, 집이 무너져 사람들이 밖에서 생활할 정도라면 꽤 강한 지진이었을 거야. 인조 때인 1643년 7월에는 울산 근처에서 강한 지진이 일어났어. 이 지진은 경상도와 전라도는 물론 한양까지 영향을 미쳤다고 해.

먼 옛날에는 지진이 일어나면 임금이 나라를 잘 다스리지 못해 하늘이 화를 내는 것이라고 생각했어. 그래서 지진이 자주 일어나면 임금은 백성들에게 머리 숙여 사과를 했다고 해. 그리고 누추한 곳으로 거처를 옮기고 반찬 가짓수도 줄이면서 하늘의 화를 다스리려고 했어. 1228년 고종 때는 지진이 일어나자 왕이 하늘에 빌었고, 공민왕 때는 가벼운 죄를 지은 사람들을 풀어주었어. 세종 때는 지진이 일어나자 외적이 침입할 것이라는 경고라고 생각하기도 했대.

우리 조상들은 지진이 발생했을 때 임금과 신하들이 한마음으로 '지진 해괴제'를 지냈단다. 해괴제는 옛날에 나라에 이상한 사건이 생겼을 때 지내던 제사야. 그러다가 17~18세기에 들어서면서 조선의 실학자들이 지진을 과학으로 다스리기 시작했어. 이익은 《성호사설》이라는 책에서 지진에 대해 설명했어. 땅속의 빈 곳에서 진동이 생겨 땅이 흔들리는 것이며 땅이 푹 꺼지는 것을 '지함'이라고 했단다.

관동대지진이 왜 우리 역사에 나올까?

우리나라 역사에는 지진에 관한 슬픈 일이 있단다. 바로 일본에서 일어난 관동대지진이야.

관동대지진은 지진이 많이 일어나는 일본에서도 손에 꼽힐 정도로 규모가 큰 대지진이야. 5분 간격으로 도쿄와 요코하마에 지진이 세 번이나 발생했지. 반경 200km 이내의 건물은 모두 무너지고 사람도 10만 명이나 목숨을 잃었어. 마침 점심 식사를 할 때였단다. 그래서 밥을 하기 위해 불을 피워 놓아 피해가 더 컸어. 그리고 쓰나미까지 덮치면서 요코하마 항구의 모든 배들이 산산조각 났어. 일본 정부가 계엄령을 선포했을 정도였지. 그런데 이 지진으로 우리나라 사람이 많이 죽었단다.

 당시 일본은 제1차 세계대전 이후, 경제 대공황에 휘말려 나라가 위태로웠어. 그런 상태에서 지진까지 일어났으니 민심이 아주 안 좋았지. 이렇게 나라 안이 어수선하니까 일본 정부는 성난 민심을 딴 곳으로 돌리려 했어. 일본 정부는 계엄령을 선포하고는 조선인들이 일본인을 죽이려 한다고 소문을 내기 시작했지. 마침 일본으로 건너온 조선 사람들이 많이 살고 있었거든. 조선인들이 불을 지르고 우물에 독을 풀었다는 소문을 만든 거야. 심지어 신문기사에 거짓 기사를 실어 일본 사람들이 진짜로 믿게 했단다. 잘못된 소문을 믿은 일본 사람들은 '자경단'을 조직했어. 그리고 조선인을 약 6천 명이나 학살했단다.

여진이 일어나는 이유

여진이 뭘까?

2017년 11월 15일은 수학능력평가를 하루 앞둔 날이었어. 그런데 포항에서 지진이 일어났어. 지진 피해 때문에 시험을 볼 수 없는 곳도 있었고 무엇보다 여진이 우려되어 결국 시험이 일주일 연기되었단다. '여진'은 큰 지진인 '본진'이 일어난 후에 얼마 동안 잇따라 일어나는 작은 지진을 말해. 포항 지진 때도 본진이 있은 후에 여진이 계속되었거든. 다행히 포항 지진이 있은 후 시험을 치르는 날에는 사람들이 거의 느끼지 못할 정도의 여진만 일어났어.

지진은 한 번 일어나고 끝나는 일이 별로 없어. 여러 번 때로는 수백 번까지 일어나기도 해. 그 많은 지진 가운데 강도가 가장 센 것은 본진이야. 본진 전에 발생하는 작은 지진을 '전진'이라고 해. 작은 지진이 자주 일어나면 큰 지진이 발생할 가능성이 크다고 해. 작은 지진은 그만큼 단층에 지진을 일으킬 힘이 많이 쌓였다는 뜻이야. 아무래도 잦은 지진으로 단층이 약해졌으니 쉽게 부서지고, 쌓인 힘이 한꺼번에 폭발하기 쉽거든. 그러니까 작은 지진만 일어난다고 안심할 것이 아니야. 앞으로 진짜 강한 지진이 일어나서 큰 피해를 볼 수도 있단다. 실제로 이탈리아 라퀼라에서는 작은 지진이 수백 번이나 일어났어. 모두 약한 지진이라 가볍게 생각했지. 하지만 2009년 4월 6일, 규모 6.3의 강진이 일어났단다. 수많은 건물이 무너지고 300여 명이 목숨을 잃었지. 만약 작은 지진이라고 쉽게 넘기지 않고 원인을 분석해서 미리 대비만 잘했으면 피해를 줄일 수 있었을지도 몰라. 그리고 '여진'은 보통 진원지나 그 부근에서 발생해. 본진보다는 규모가 작지만, 본진 때문에 이미 건물이 많이 무너진 상태이기 때문에 여진으로 피해를 입는 경우가 많아.

여진이 일어나는 이유는 진원 주위에 쌓인 남은 에너지를 없애기 위해서야. 지진을 일으키는 에너지는 단 한 번으로 사라지지 않거든. 또는 지진으로 진원 주변의 지층에 변화가 생기고 새로운 에너지를 만들면서 여진이 일어나기도 해. 본진의 규모가 클수록 여진은 넓은 범위에서 오랫동안 자주 발생한단다.

여진은 시간이 지나면 점점 줄어들어. 큰 지진이 일어나고 며칠에 걸쳐 일어나지만 규모 7 이상의 강한 지진이 일어난 경우에는 몇 개월 아니, 몇 년에 걸쳐 여진이 발생할 수도 있어. 2011년 규모 9.0의 동일본 대지진은 3월 11일에 일어났는데 거의 한 달 동안 규모 5.0의 여진이 400번 넘게 일어났단다. 우리나라도 2016년에 일어난 경주 지진 이후 1년 동안 640회 정도의 여진이 계속되었어.

여진에 어떻게 대비하면 좋을까?

본진이 있은 후이기 때문에 정신이 없겠지만 여진으로 더 큰 피해를 입기 전에 미리 대비를 하는 것이 좋아. 우선 떨어질 것 같은 물건은 아래쪽으로 내려놓자. 그리고 가스 밸브나 전기 코드는 뽑아두는 것이 좋겠지. 출입문을 열어 두어 대피할 길을 만들어 놓는 것이 좋아. 그리고 준비해 둔 비상용품을 다시 확인하도록 해.

여진은 본진이 발생한 시간이 지날수록 점점 그 횟수가 줄어드니까 너무 당황하지 말고 안내 방송에 귀를 기울이도록 해. 만약 넓은 공터로 대피를 하게 된다면 추위를 이길 담요를 반드시 준비하도록 하자.

군발지진이란 뭘까?

2016년 9월 12일, 우리나라 경주에서 규모 5.8의 지진이 일어난 후 여진이 여러 날 계속되었어. 이튿날인 13일 오전 5시를 기준으로 규모 2.0~3.0 지진이 153회, 규모 3.0~4.0 지진이 12회 그리고 규모 4.0~5.0 지진이 1회 등 166차례 여진이 일어났지. 그 이후에도 여진은 계속되었어. 그래서 경주의 지진을 두고 군발지진일 가능성이 있다고 보기도 했어.

군발지진은 본진이라고 할 만한 큰 지진은 없지만 작은 지진이 몇 개월에 걸쳐 일어나는 것을 말해. '지진군'이라고도 하지. 보통 지층에서 에너지를 제대로 방출하지 못했기 때문에 그렇다고 해. 또는 화산 활동과 관계가 있기 때문이라고도 해. 군발지진은 주로 화산 지대에서 잘 나타나. 화산 지대는 지하 구조가 복잡하고 암반에 균열이 많기 때문에 그 균열이 부서지면 군발지진이 발생하지.

1930년 일본의 이토 앞바다의 사가미만에 지진이 일어났어. 하루에도 수십 번이나 지진이 일어나는 것이 한 달 동안 이어졌어. 2월에 시작한 지진은 4월에 잠시 잠잠하더니 5월에는 하루에 100회가 넘는 지진이 보름 동안 이어졌어. 지진 피해는 적었지만 사람들은 아주 많이 불안했지. 혹시라도 큰 지진이 일어날 전진이 아닐까 하고 말이야.

우리나라 조선 명종 때는 1565년 9월부터 1566년 1월까지 평안도 상원에선 1년 동안 100여 차례 군발지진이 일어났다는 기록도 있어. 본진보다는 약하겠지만 그래도 1년 동안 간간히 지진이 일어난다면 정말 무서웠을 거야.

쓰나미, 그것이 알고 싶다

쓰나미가 뭘까?

쓰나미는 지진 해일을 말해. 항구를 뜻하는 한자 진(津)을 일본어로 '쓰(tsu)'라고 해. 그리고 파도를 뜻하는 한자 파(波)를 '나미(nami)'라고 하지. 다시 말해 쓰나미는 '항구로 밀려드는 파도'라는 뜻이야. 원래 일본에서 사용하던 말이었어.

그런데 1946년 태평양 주변에서 일어난 지진 해일로 사상 최대의 희생자가 생겼단다. 그러자 세계 주요 언론들이 지진과 해일을 뜻하는 '쓰나미'라는 일본어를 사용하기 시작했어. 1963년에는 아예 국제어로 채택되어 세계적으로 사용한단다.

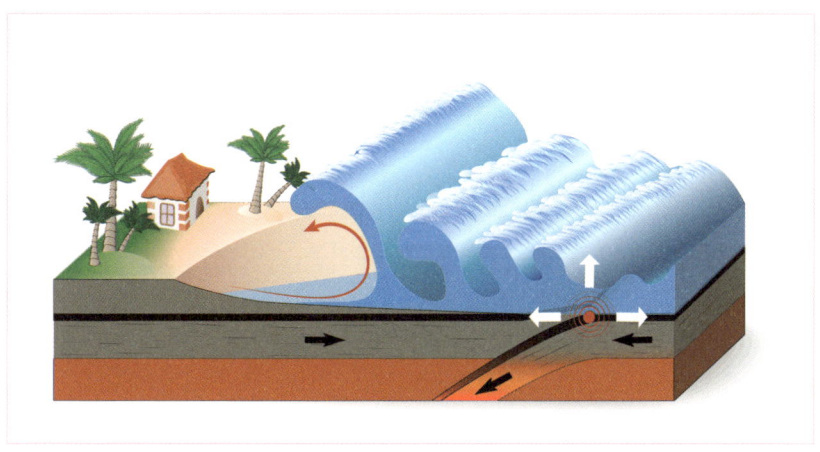

쓰나미

쓰나미는 지진뿐만 아니라 산사태나 해저사태로도 일어날 수 있어. 또 빙하가 붕괴되면서 생길 수도 있단다.

쓰나미는 왜 일어날까?

만약 바닷속에서 화산이 폭발하거나 산사태가 일어나면 바닷속의 땅이 솟아오르거나 꺼지면서 해수면에 변화가 생겨. 이때 물에 진동이 생기면서 쓰나미가 발생한단다.

바닷속에서 지진이 일어날 때 진원지 바로 위의 바다는 의외로 파도의 높이가 낮아. 하지만 점점 수심이 얕은 곳으로 이동할수록 파도의 높이는 높아지고 속도는 느려진단다. 호수에 돌을 던져보면 알 거야. 돌이 떨어진 곳을 중심으로 넓게 물결이 치지. 그렇기 때문에 지진 해일이 만든 파도는 먼 바다가 아닌 해안가에서 볼 수 있어. 쓰나미는 한 번에 그치지 않고 몇 시간씩 계속되기도 한단다.

쓰나미의 힘은 얼마큼일까?

1960년 5월 22일 오후 7시, 칠레에서 규모 9.5의 지진이 일어났어. 칠레 수도인 산티아고에서 남쪽으로 700km 떨어진 곳에서 시작된 이 지진은 칠레뿐만 아니라 알래스카 그리고 태평양 너머의 일본과 필리핀에도 영향을 주었어. 쓰나미가 일어나 일본과 필리핀도 피해를 입은 거야.

그리고 2004년, 인도네시아의 수마트라섬 바닷속에서 지진이 일어났어. 해변에서 40km 떨어진 곳에서 일어난 이 지진은 규모 9.0의 강진으로 인도네시아에서만 쓰나미로 14만 명 이상이 목숨을 잃었어. 파도의 높이가 건물 5층에서 10층 높이였으니 얼마나 대단했을지 상상이 가지? 이 지진으로 인도네시아가 있는 동남아시아는 물론 인도양을 가로질러 아프리카 동부 지역까지 피해를 입히는 등 무려 28만 명 이상이 목숨을 잃었단다.

2011년에 일어난 동일본 대지진은 일본의 미야기현에서 130km 떨어진 바닷속에서 일어난 지진이야. 바다에서 일어난 지진이 거대한 쓰나미를 만들어 해변으로 밀려왔어. 2만 명 가까이나 되는 사람이 목숨을 잃거나 실종되었단다. 일본 열도가 고스란히 충격을 받아들여서 우리나라까지는 지진의 영향을 받지 않았지만, 후쿠시마현의 원자로가 손상되면서 문제가 커졌지. 방사능 물질이 유출되어 전 세계가 방사능 공포에 떨어야 했거든.

쓰나미는 속도가 아주 빨라. 제트 항공기와 속도가 맞먹을 정도로 한 시간에 965km를 이동할 수 있어. 태평양 한쪽에서 발생한 쓰나미가 반대쪽 해안에 도착하는데 하루가 안 걸린다고 해. 게다가 모든 것을 쓸어버리는 힘이 있어. 건물도 몇 십 미터까지 밀어 버릴 정도야. 일본 기상청의 자료에 따르면 쓰나미 높이가 1~4m이면 작은 태풍과 비슷하대. 8m가 넘으면 어선들이 100% 파손된다고 해. 그래도 다행인 것은 쓰나미는 지진과 달리 도착 시간을 알 수 있단다.

쓰나미가 일어나면 어떻게 할까?

1946년에 알레스카 해안에서 지진이 일어나 쓰나미가 하와이까지 몰려왔어. 이후 쓰나미에 대비하는 '지진 해일(쓰나미) 경보 체계'가 만들어졌어. 하와이에 본부를 두고 24시간 작동하며 만약 지진이나 쓰나미가 일어나면 경보를 울려 대피 시간을 알려주고 있지.

만약 배를 타고 먼 바다에 있을 때 쓰나미 경보가 발령되면 함부로 항구로 오면 안 돼. 해안에 가까울수록 파도는 아주 커지니까 위험할 수 있어. 오히려 수심이 깊은 지역으로 이동하는 것이 좋아.

해변에 살고 있다면 늘 쓰나미에 대한 관심을 가져야 해. 그리고 일본 서해안에서 지진이 발생했다면 우리나라도 경계를 늦추면 안 돼. 우리나라 동해까지 약 1시간에서 1시간 30분 뒤에 해일이 도달한다니 말이야. 그렇기 때문에 일본의 지진에도 늘 관심을 가져야겠지. 쓰나미는 바다로 통해 있는 하천을 따라 들어오기도 한단다. 따라서 해변에서는 일단 지진이 일어나면 쓰나미에 대비해야 해. 또한 쓰나미를 구경하겠다고 해안가로 가면 안 돼. 쓰나미의 속도는 그야말로 순식간이야. 자칫하다가는 쓰나미에 휩쓸릴 수도 있어.

끼리끼리 모인 지진과 화산

화산은 왜 일어날까?

지구 표면이 판으로 이루어졌다는 것쯤은 이제 다 알 거야. 그런데 두 개의 판이 서로 부딪쳐 한쪽 판이 다른 쪽 판 아래로 밀려들어 가기도 해. 이때 밀려들어 간 지각이 맨틀의 열에 녹아 마그마가 된단다. 그리고 그 마그마가 갈라진 지각 틈으로 솟아오른 것이 바로 화산이야. 마그마가 땅 위로 솟아나는 것을 용암이라고 해.

용암은 공기와 닿으면 천천히 식어. 그리고 암석이 되는데 갑자기 식어서 굳어버리기 때문에 알갱이가 아주 작고 단단

화산

해. 그리고 화산 가스가 빠져나간 구멍이 그대로 남아서 구멍이 숭숭 뚫려 있어. 제주도에서 많이 볼 수 있는 구멍 뚫린 현무암이 바로 용암이 굳은 돌이야. 그러면 왜 제주도에 현무암이 많냐고?

화산 활동 역시 대륙뿐만 아니라 바닷속에서도 일어나. 만약 바다에서 화산이 폭발하면 용암이 쌓이고 쌓여 바다 위로 올라오게 돼. 그리고 용암이 굳어서 섬이 만들어지지. 제주도가 이러한 화산 활동으로 만들어진 섬이야. 학자들에 의하면 제주도는 120만 년 전부터 2만 5천 년 전쯤까지 화산 활동이 일어났다고 해. 섬이 만들어진 후에도 한라산 기슭에서 작은 폭발이 일어나면서 작은 화산이 만들어졌어. 이것을 기생 화산이라고 하고, 제주도에서는 '오름'이라고 불러. 제주도에는 약 300개가 넘는 오름이 있단다.

화산이 일어나면 지진도 같이 일어날까?

지구 중심의 온도는 6,000도 정도 된다고 해. 엄청나게 뜨거운 열이기 때문에 주위의 모든 것이 녹아 마그마가 되어버려. 그런데 마그마가 압력을 이기지 못하고 약한 틈새를 통해 지각으로 올라오면서 작은 지진이 일어나기도 해.

화산 활동이 자주 일어나는 곳을 '화산대'라고 해. 태평양을 둘러싸고 있는 환태평양 화산대와 지중해에서 인도네시아로 이어지는 알프스-히말라야 화산대, 그리고 대서양의 중앙 해령 등이 대표적인 화산대야. 화산이 자주 일어나는 지역과 지진대는 거의 일치해. 그래서 지진과 화산이 같이 일어나면 더 큰 피해를 입히기도 해.

화산 중에 현재 활동을 하고 있는 산을 '활화산'이라고 해.

활화산

그래서 가끔 용암이나 화산 가스 같은 것이 뿜어져 나오지. '사화산'은 죽은 화산을 말해. 예전에 활동을 하고 지금은 완전히 활동을 멈춘 산이야. 사화산과 달리 지금은 활동을 하지 않지만 활동한 기록이 있는 화산을 '휴화산'이라고 해. 백두산이나 한라산이 바로 휴화산이야. 사화산도 휴화산도 언제든 활화산이 될 수 있단다.

화산과 지진은 판 운동 때문에 일어나기는 하지만, 반드시 함께하는 것은 아니야. 대지진이 일어났기 때문이 화산이 폭발하는 것도 아니고, 화산이 폭발해서 지진이 일어나는 것도 아니란다.

화산이 폭발하면 어떤 피해가 있을까?

땅속에 있던 마그마가 단단한 암석의 좁은 틈을 비집고 나올 때 엄청난 소리가 난다고 해. 그리고 마그마와 함께 희뿌연 연기와 고약한 냄새까지 분출되지. 희뿌연 연기가 화산 가스야. 마그마가 녹아있던 기체로 대부분 수증기지. 그런데 수증기라고 해서 안심하면 안 돼. 온도가 섭씨 400도나 되는데다 이산화황이라는 몸에 해로운 가스도 들어있거든. 그러니까 화산 가스 옆에서 숨을 쉬면 큰일 날 수도 있어. 그리고 뿌연 화산재도 뿜어져 나와. 2010년에 화산재 때문에 유럽의 모든 사람이 발이 묶인 적이 있단다. 아이슬란드의 한 화산이 폭발하면서 엄청 많은 화산재가 하늘 높이 솟아올랐어. 비행기가 다닐 수 없을 정도라 유럽의 항공기가 모두 발이 묶였지. 사람들은 하루 이틀이면 가라앉을 거라고 생각했어.

하지만 화산재 때문에 닷새가 지나도록 비행기가 뜨지 못했단다. 화산재가 얼마나 대단하기에 비행기가 뜨지를 못하냐고? 1982년에 영국 비행기가 인도네시아를 지나다가 엔진이 멈춘 일이 있었어. 계기판도 먹통이고 게다가 유리창이 뿌옇게 흐려져 앞도 잘 보이지 않았지. 산악지대를 지나던 이 비행기는 다행히 자카르타 공항에 비상착륙할 수 있었어. 수많은 사람이 목숨을 잃을 뻔한 이 사고의 원인은 바로 화산재였어. 인도네시아의 한 섬에서 화산이 폭발해 화산재가 뿜어져 나왔는데, 하필 밤이라 화산재를 보지 못했던 거야. 화산재는 아주 고운 입자야. 머리카락의 1/10 정도라고 해. 그렇게 고운 입자가 비행기 엔진으로 들어갔기 때문에 엔진이 멈춰버렸던 거야. 또 화산재가 비행기 창문에 달라붙으면서 유리창도 뿌옇게 변해버렸던 거지. 이처럼 화산재가 있을 때 비행기를 운행하면 추락할 위험이 아주 커. 그리고 비행기가 운행하지 못하면 사람뿐만 아니라 국제운송에도 문제가 생긴단다. 2010년에 일어난 아이슬란드 화산 폭발로 입은 피해액이 당시 우리나라 돈으로 1조 원이 넘었다고 해. 공항이 폐쇄된 것은 제2차 세계

대전 이후 최대 규모였다고 한단다.

화산이 언제 폭발할지 미리 알 수 있을까?

먼 옛날에는 화산이 언제 폭발하는지 알 수 없었어. 그래도 요즘은 과학이 발달한 덕분에, 아주 정확한 것은 아니지만, 폭발 전의 여진이나 가스와 용암의 분출로 어느 정도 예측할 수 있단다.

화산 폭발을 미리 알 수 있는 이유는 화산 지대의 변화 때문이야. 땅속에서 마그마의 부피가 커지면 주위의 암석을 자꾸 밀어내겠지. 그러면 화산의 모습이 조금씩 변하기도 하고 지층이 흔들리면서 지진도 일어날 거야. 실제로 1980년 미국 세인트헬렌스 화산 지대는 땅이 솟아오르더니 두 달 뒤에 폭발했어. 그리고 가스야. 마그마가 모이기 시작하면 아황산가스가 많아져. 1991년 6월에 필리핀 피나투보 화산은 5월에 아황산가스를 500톤 방출하더니 2주 뒤에 방출량이 5,000톤으로 늘어났어. 그리고 6월 15일에 폭발했지. 이외에도 인공위성으로 화산 주변 지형을 조사하기 때문에 화산 폭발을 어느 정도 미리 알 수 있단다.

많은 과학자들이 보다 정확하게 화산 폭발을 예측하기 위해 애쓰고 있어. 하지만 폭발 시간까지 확실하게 알기에는 아직 어렵단다. 그러므로 화산 주변에 살고 있는 사람들은 늘 조심하고 안내 방송에 귀를 기울여야 해.

화산이 폭발하면 어떻게 할까?

화산이 일어나면 뜨거운 용암이 흐르고 화산재가 사방으로 퍼진단다. 화산재에는 중금속도 들어 있고 먼지 크기가 작아 기관지나 폐에 들어가면 호흡기 질환을 일으킬 수 있어. 그래서 화산이 일어나면 먼지를 막아주는 마스크와 눈 보호 장비가 필요해. 그리고 되도록 나가지 말고 집 안에서 문과 창문을 닫고 틈새를 테이프로 막아야 해. 젖은 수건을 놓아두는 것도 좋아. 또한 식수와 손전등, 비상식량, 구급상자를 챙기고 화재가 발생할 것을 대비해 가스 밸브는 모두 잠그고 전기 기구의 콘센트는 빼도록 해.

화산이 폭발하면서 발생하는 유독 가스는 무거워서 아래로 퍼진단다. 만약 실외에 있다면 마스크나 수건으로 입과 코를 막고 높은 곳으로 대피해야 해. 그리고 화산 폭발이 끝나면 고글과 마스크를 끼고 집 안의 화산재를 깨끗이 씻어내도록 해.

화산이 폭발하면 사람들을 안전지대로 대피시키기도 하지만 아예 용암의 흐름을 바꾸기도 해. 1983년 이탈리아 에트나 화산이 폭발했을 때, 건물이 모여 있는 곳으로 용암이 흘러가지 않도록 거대한 장벽을 만들었어. 1973년 1월 아이슬란드 헤이마에이섬에서 갑자기 높이 200미터나 되는 화산이 솟아올랐을 때도 사람들은 흐르는 용암을 막기 위해 차가운 바닷물을 끌어와 몇 주 동안 용암에 뿌려 마을을 구하기도 했단다.

화산도 우리에게 쓸모가 있을까?

지진은 모든 것을 파괴하지만 화산은 조금은 사람들에게 도움을 주기도 해.

우선 화산이 폭발하면서 나오는 화산재는 비행기의 운항을 막지만 땅을 기름지게 한단다. 그래서 농작물이 자라는 데 도움을 주지. 화산이 활발한 일본 하면 떠오르는 것은? 맞아, 바

온천

로 온천이야. 화산 지대에는 대부분 온천이 발달해. 그리고 화산 활동으로 색다른 경관을 만들어 좋은 관광 자원이 되기도 하지. 또한 유황을 얻을 수도 있고 마그마로 데워진 수증기를 이용해 지열발전소를 세울 수도 있어. 또 용암이 바다로 흘러내려서 섬을 만들기도 한단다.

지진이 일어난 후

지진이 일어나면 땅이 어떻게 바뀔까?

2017년 11월 15일에 우리나라 포항에서 규모 5.4의 지진이 일어나고 며칠 뒤, 곳곳에서 이상한 현상이 일어났단다. 논과 밭에서 물이 부글부글 끓듯이 솟아오른 거야. 백사장에도 모래 분출구가 수십 개나 발견되었어. 솟아오른 물은 자갈을 들어 올릴 정도였단다. 이렇게 물이 솟아오른 현상은 지진이 원인이었어.

지진이 일어나면 지하수가 올라와 땅의 모래와 섞여서 액체처럼 돼. 이것을 '액상화 현상'이라고 해. 일단 모래나 지하수가 땅 위로 솟아났다면 땅속에는 그만큼의 공간이 생기겠지.

그러면 땅이 꺼지게 되고 빈 공간이 메워지면서 단단해지려면 꽤 시간이 걸릴 거야. 게다가 액상화가 일어나면 그 위에 있는 건물은 잠깐이지만 물 위에 떠 있는 상태가 돼. 당연히 건물이 무너질 위험이 크단다.

우리나라는 2017년 11월 15일 포항에서 처음 발견되었지만, 17세기에 액상화 현상으로 보이는 사건이 있었어. 승정원일기에 1673년, 울산에서 지진이 일어났는데 마른 논에서 물이 샘처럼 솟았고 물이 솟은 곳에 흰모래가 나와 1~2말이나 쌓였다는 기록이 있단다.

외국의 경우는 1906년 미국 샌프란시스코 지진, 1964년 일본 니가타 지진 등에서 액상화 현상이 나타났어. 니카타 지진 때는 모래땅이 액상화로 약해져서 건물이 많이 무너졌어. 24만여 명이 사망한 1976년 중국 탕산 대지진 역시 액상화 때문에 피해가 더 컸다고 해.

액상화 현상은 퇴적층이 있는 곳에 강한 지진이 일어나면 나타나. 2016년에 일어난 경주 지진은 포항보다 규모는 더 컸지만 진원이 깊었고 또한 땅이 화강암이라 단단했어. 그런데 포항은 퇴적층이 분포되어 있단다. 주로 진흙이 굳어져 생긴 이암으로 되어 있지. 그래서 경주보다는 포항 지진이 더 큰 피해를 입었다고 할 수 있어.

포항처럼 퇴적층이 발달한 곳과 해안이나 강변 그리고 매립한 곳은 액상화 현상에 대비해야 해. 건물을 지을 때 땅 깊은 곳의 암반에 고정시키는 등의 내진 설계를 반드시 해야 한단다. 그리고 지질에 대한 연구도 계속해서 지진에 대비할 수 있어야 해.

지진으로 땅 모양이 변하기도 할까?

2017년 포항 지진에서는 액상화 현상뿐만 아니라 땅밀림 현상도 나타났단다. 퇴적암이 분포된 포항에서 지진 때문에 경사 방향으로 땅이 밀린 거야. 땅밀림 현상은 비가 아주 많이 와서 땅에 물이 스며들거나 지진과 같은 큰 진동이 있을 때 나타나는 현상이야. 지진의 2차 재해인 산사태와 함께 땅 표면이나 비스듬한 암반 사면이 위험해졌다는 증거이기도 해. 자칫하면 산사태가 일어날 수도 있거든.

그리고 또 하나, 포항은 지진 때문에 땅이 이동하기도 했어. 지진이 일어난 후 지형 변화를 살펴보니 북서쪽은 3cm 정도, 남동쪽은 6cm나 동해 쪽으로 이동했다고 해. 특히 진앙 주변에서 10km 이내 지역은 땅이 1cm 넘게 이동했대.

활성단층은 어디에 있을까?

지진이 단층에서 발생한다는 것은 이제 알 거야. 그리고 지진이 여러 번 일어날 수 있는 지층을 활성단층이라고 했지. 2016년에 경주에서 발생한 지진이 활성단층인 양산단층에서 일어났어. 양산단층 주위에는 월성원자력발전소를 비롯한 고리원자력발전소도 있단다. 그동안 우리나라는 지진에 비교적 안전한 곳이라고 생각하고 있었어. 그래서 지진에 대비하는 것도 미비했고 무엇보다 단층 분석이 이루어지지 않았어. 일찌감치 단층에 대해 분석했더라면 활성단층에 원자력 발전소를 세우지 않았을 거야. 2017년에 일어난 포항 지진은 양산단층과 가깝지만 아직까지 알려지지 않은 단층에서 비롯된 것이라고 하니 더욱 단층 분석을 서둘러야 할 거야.

일본의 경우는 지진이 잦기 때문에 지진에 대한 정보나 대피 훈련 등이 잘되어 있어. 물론 건축물의 구조나 생활환경 등이 다르기 때문에 대피 훈련에도 차이는 있지만, 지진에 대한 대비는 배울 점이 많아. 일본은 지진의 원인이 되는 단층을 천연기념물로 지정하고 있단다. 1665년 1월 고배 대지진을 비롯해 26건의 활성단층이 천연기념물로 보존되어 있어. 그리고 지진의 위험성을 알리는 교육장으로 사용하면서 지진의 위험성을 알리고 있단다.

우리나라도 경주 지진 이후 활성단층 지도를 만들기 위해 연구하고 있어. 조사가 빨리 끝나면 좋겠지만 전국에 있는 활성단층을 조사하려면 25년 정도가 걸린다고 해.

지진 때문에 멸망한 나라도 있을까?

지진이 얼마나 큰 힘을 가졌는지 이제 조금은 알 수 있을 거야. 그래서일까. 먼 옛날 갑자기 사라진 나라나 문명에 대해서 그 원인을 지진에 두기도 해.

79년 8월 24일, 폼페이의 시민들은 평범한 하루를 보내고 있었어. 다만 며칠 전부터 땅이 흔들리고 베수비오 화산에서 연기가 나는 것만 빼면 말이야. 사실 폼페이는 지진이 잦은 곳이야. 그전에도 지진이 일어난 적이 있었어. 그럴 때마다 시민들이 힘을 모아 도시를 더욱 멋지고 화려하게 만들었지. 그래서 폼페이 시민들에게 지진은 그다지 큰 재앙은 아니었어. 그런데 이번 지진은 지금까지와는 달랐어. 지진에 화산까지 함께 폭발하면서 불과 몇 시간 만에 수천 명이 목숨을 잃었단다. 게다가 폼페이라는 도시가 흔적도 없이 사라지고 말았지.

9000년 전에 아틀란티스라는 섬나라가 있었어. 인류가 최초로 문명을 일으켰고, 이곳에서 전 세계로 문명이 전해졌지. 그런데 이 거대하고 번성했던 섬나라가 하룻밤 사이에 바닷속으로 가라앉았단다. 그 이유로 지진과 화산을 들고 있어.

그리고 소아시아 지중해 연안에는 기원전 13세기까지 트로이, 미케네, 크노소스 등 50여 개의 도시 국가가 번창하고 있었어. 청동기 시대의 강대국으로 손꼽혔던 이 나라들은 불과 50여 년 사이에 모두 멸망하고 말았어. 고고학자들은 전쟁 때문에 이 나라들이 멸망했다고 주장했지. 그런데 이상하게도 유물이 하나도 남지 않았어. 마치 한순간에 다 무너진 것처럼 말이야. 미국 스탠퍼드대학의 아모스 누르 박사가 지진 역사를 조사한 결과, 고대 도시들이 지진대에 위치했다는 사실을 발견했어. 여러 판들이 부딪히면서 잇따라 지진이 발생하자 문명들이 빠른 속도로 붕괴되었던 거야.

어쩌면 오로지 지진만으로 나라나 도시가 사라진 것은 아닐지도 몰라. 하지만 지진이 직접적인 원인이 되지 않았더라도 최소한 지진의 영향으로 쇠퇴해 이민족의 침략을 막아내지 못했을 것이라고 주장하고 있어.

지진으로 지구가 멸망하기도 할까?

지진 때문에 나라가 멸망하기도 했다고 했잖아. 그렇다면 지진 때문에 지구가 멸망할 수도 있을까?

3~12세기, 중앙아메리카 남부에서 융성했던 마야 문명은 숫자와 문자를 사용했어. 0의 개념을 이미 알고 있었고 20진법을 사용했으며 천문학이 발달해서 달력을 사용했단다. 그런데 마야 문명의 달력은 2012년 12월 21일까지만 나와 있어.

그래서 그 이후 지구는 멸망한다는 추측을 하고 있지. 마야문명의 예언에 따르면 맨틀이 지구 중심을 가로지르는 극이동으로 대재앙이 벌어진다고 했어. 만약 극이동이 몇 시간 만에 일어난다면 뉴욕은 북쪽으로 이동해 얼음으로 뒤덮이고, 얼음으로 뒤덮인 알래스카는 순식간에 뜨거운 적도가 될 수도 있단다. 언뜻 생각하기에는 말도 안 되는 것 같지만, 놀랍게도 노르웨이와 그 반대쪽에 있는 호주에서 표본이 똑같은 대륙운동을 보이고 있어. 즉 8억 년 전쯤에 지구의 지각과 맨틀이 이동했다는 것을 증명해 주는 것이지. 이 때문에 지구 종말론이 나오고 있는 것 같아.

하지만 이것은 어디까지나 가상일 뿐이야. 물론 과학자들도 불가능한 일이라고 했어. 그리고 어리석어 보일지 모르지만, 사회가 혼란스러울 때면 불안한 사람들의 마음이 약해져. 그럴 때 때마침 일어난 자연재해를 지구 멸망과 연결 짓는 못된 사람들이 있지. 그러니까 지구가 멸망하면 어쩌나 하는 걱정은 접어두어도 돼.

3장 지진에 대비하는 방법

지진이 일어났을 때 대처하기

지진이 일어나면 어떻게 해야 할까?

지진으로부터 안전한 나라는 어디에도 없어. 비교적 안전하다고 생각했던 우리나라도 규모 5.0의 지진이 10년마다 한 번꼴로 일어나고 있어. 심지어 2016년에 경주에서 지진이 일어났고 바로 이듬해 포항에서도 지진이 일어났잖아. '내가 사는 곳은 큰 지진이 일어난 적이 없으니까 안전해.'라고 마음을 놓으면 안 돼. 어쩌면 땅 밑에서 지진을 일으킬 힘을 모으고 있을지도 모르니까 말이야. 게다가 지진은 언제 일어날지 알기 어려워. 그렇기 때문에 늘 지진에 대비하고 있어야 해.

지진이 일어나면 주변에 쓰러지는 물건이 없는 곳 또는 무너지는 것이 없는 곳이 안전해. 지진 때문에 사람이 다치는 게 아니라 주변의 물건이나 건물이 무너져서 다치는 경우가 훨씬 많으니까 말이야. 그렇다면 상황과 장소에 따라 지진이 일어나면 어떻게 해야 할지 알아보자.

지진이 일어났을 때 대처하기

건물 안에 있을 때는?

지진이 일어났다고 갑자기 밖으로 뛰어나가면 위험할 수 있어. 보통 지진은 1~2분 안에 끝나. 그 가운데 강한 지진은 15초 정도를 넘지 않는단다. 그러니 흔들릴 때 섣불리 움직이지 말고, 흔들림이 멈추면 밖으로 나가서 넓은 장소로 피하도록 해.

건물 안에 있을 때 지진을 느꼈으면 우선 몸을 보호해야 해. 방석이나 가방 등으로 머리를 보호하고 책상 밑으로 숨는 것이 좋아. 책장이나 에어컨, 냉장고처럼 쓰러지는 물건에서 되도록 멀리 떨어져야 해. 그리고 유리 조각이나 떨어져 있는 물체 때문에 발을 다칠 수도 있으니까 슬리퍼나 신발을 신고 있어야 해. 특히 화장실이나 욕실은 전구나 거울 때문에 다칠 수 있으니까 재빨리 나와야 해. 만약 가스 불이 켜져 있다면 끄고 가스 밸브를 잠그는 것이 좋아. 그렇다고 너무 무리하지는 마. 도시가스는 강한 지진을 느끼면 자동으로 차단된다고도 하거든. 그것보다 출입문을 열어두는 것이 중요해. 지진 때문에 출입문이 뒤틀려 안 열릴 수도 있으니까 말이야.

흔들림이 멈추면 여진에 대비해서 건물 밖으로 피하도록

해. 이때 엘리베이터를 사용하면 안 돼. 전기가 끊어져서 엘리베이터 안에 갇힐 수 있기 때문이지. 엘리베이터를 타고 있다면 재빨리 층수를 다 눌러 가장 빨리 멈춘 곳에서 내려 계단을 이용하는 것이 좋아. 그리고 밖으로 빠져나오면 담장이나 전봇대 등 쓰러질 수 있는 건물에서 떨어져야 해.

건물 밖에 있을 때는?

우선 담이나 자동판매기 등 넘어지는 것 옆에서는 피해야 해. 그리고 상가가 많은 곳은 유리창이나 간판이 떨어질 수 있으니 가방으로 머리를 보호해. 넓은 장소로 이동을 해야 하지만, 혹 새로 지은 건물이 있다면 건물 안으로 피하는 것이 나을 수도 있어. 옛날에 지은 건물은 지진에 대비하지 않은 경우가 많지만, 새로 지은 건물이 내진 설계가 잘되어 있으니 조금 더 안전할 수 있거든.

만약 지하도에 있다면 가만히 있는 게 좋아. 지하도는 지진에 강한 구조물이거든. 다만 정전이 되거나 당황한 사람들에 휩쓸려 우왕좌왕하지 않도록 해. 공포에 빠진 사람들이 좁은

통로로 한꺼번에 빠져나오려다 사고가 발생할 수도 있으니까 말이야.

옥외 지진대피소는 행정안전부 홈페이지(www.mois.go.kr/)의 국민재난안전포털에 주소를 입력하면 확인할 수 있어.

휴가를 즐기고 있을 때는?

만약 바닷가에서 휴가를 즐기고 있을 때 지진이 일어났다면 육지 쪽의 높은 곳으로 올라가도록 해. 특히 쓰나미가 몰려올 수 있으니까 안내 방송에 귀를 기울여야 하지.

산기슭에 있다면 가능한 한 암벽에서 떨어지는 것이 안전해. 경사가 심한 곳은 산사태가 일어날 수 있으니까 되도록 절벽에서 떨어져 넓은 평야로 가는 것이 안전해.

차를 타고 이동 중이라면 운전사가 비상등을 켜고 서서히 속도를 줄일 거야. 그리고 도로 오른쪽에 차를 세우면, 모두 안전한 곳으로 피하도록 해. 이때 운전자는 자동차 열쇠를 꽂은 채로 내려야 해. 혹시라도 긴급 차량이 지나가거나 차를 움직여야 할 상황이 생기면 누군가가 차를 옮길 수 있도록 말이야.

지진이 멈췄을 때는 어떻게 할까?

지진은 단 한 번 흔들리고 멈추지 않아. 계속 흔들리기 때문에 충격을 받은 건물은 약해져서 치명적인 손상을 줄 수 있어. 그러므로 지진이 멈추었다고 해서 안심하지 말고, 건물이 안전한지 살펴보는 것이 좋아. 또한 부상자를 돌보는 것도 중요해. 부상자를 발견하면 바로 구조 요청을 하고, 함부로 옮기지 않도록 해. 특히 정신을 잃은 부상자에게 물을 주는 것은 삼가야 해.

정전이 되었다고 함부로 성냥이나 라이터를 켜면 위험해. 혹시라도 가스가 누출되어 폭발할 수 있으니까 말이야. 그러므로 손전등을 사용하도록 하자. 만약을 위해 가스는 밸브를 잠그고 전기 차단기를 내리도록 해. 수도가 샌다면 집으로 들어오는 밸브를 잠그고, 수세식 화장실을 사용하지 않는 게 좋아. 혹시라도 하수관에 피해가 있을 수도 있으니까 말이야. 그리고 옷장이나 캐비닛 등은 지진으로 안에 물건이 마구 섞여 있을 수도 있으므로 문을 열 때 조심해서 열도록 해.

자연 재해가 일어나면 누구나 당황할 거야. 그럴 때 소문에 휩싸여 겁을 먹거나 걱정을 하기보다는 뉴스나 안내 방송에 귀를 기울이자. 확인되지 않은 이야기보다는 소방관이나 경찰, 그리고 구조 요원의 안내를 따르는 것도 중요해.

지진 대비 비상용품

평소 지진에 어떻게 대비해야 할까?

단순히 지진뿐만 아니라 다른 자연재해를 위해서라도 평소에 비상용품을 준비해 두도록 하자. 우선 지진이 일어나면 수

도와 전기 그리고 가스가 끊어질 거야. 그러므로 생수도 사흘 분 정도 준비해 두고, 불로 조리하지 않아도 먹을 수 있는 통조림 식품을 준비해 두자. 정전에 대비해서 손전등과 라디오 그리고 건전지도 비상용으로 준비해 두도록 해. 화재에 대비해 소화기도 준비해 두면 좋겠지. 구급상자와 담요, 침낭 등도 비상시에 필요할 수 있어.

지진뿐만 아니라 재난에 대비하는 비상가방을 미리 챙겨두는 것이 좋아. 가방 안에는 헬멧과 비상식량, 물, 호루라기, 물티슈, 밴드와 붕대, 소독약 등의 구급키트를 준비하고 마스크는 넉넉하게 준비해. 은박담요와 위생봉투, 작업용 장갑, 멀티툴, 손전등, 라디오 그리고 보조 배터리를 넣어두자. 식량과 생수, 마스크, 물티슈는 유통기한을 확인하여 주기적으로 교체해야 해. 여기에 여벌 옷과 라이터 등을 추가하면 돼.

또한 지진이 일어났을 때 가족이 함께 있지 못할 경우가 있어. 부모님은 회사에 있고 학생인 우리는 학교에 있을 테니까 말이야. 또는 지진이 일어나서 대피하다 보면 가족이 헤어질 수도 있지. 이럴 때를 대비해 만날 장소를 미리 정해두도록 하

자. 그리고 평소에 집에 금이 간 곳이 있는지 살펴보도록 해. 만약 진동이 생기면 충격이 더 심해질 수 있으므로 미리 보수 보강을 해야 해.

만약 실제로 지진 체험을 해 보고 싶다면 서울특별시 소방재난안전본부에서 운영하는 서울시민안전체험관에 인터넷 또는 전화로 예약하면 돼. 가족 그리고 친구와 함께 직접 지진을 경험해 보는 것도 좋아.

알아두면 도움이 되는 사이트

국민재난안전포털 : www.safekorea.go.kr

행정안전부 : https://www.mois.go.kr

기상청 날씨누리 : https://www.weather.go.kr

서울종합방재센터 : http://119.seoul.go.kr

지진 예보가 필요해

지진이 일어나는 것을 미리 알 수 있을까?

안타깝게도 아직까지 지진을 정확하게 예보하는 방법은 없어. 그런데 확실히 지진이 일어나기 전에는 무언가 평소와 다르기는 해. 동물들의 행동이 이상해지고 지하수의 양도 변화가 있단다.

중국에서 지진과 지하수 또는 우물물과의 관계를 연구했어. 지진이 일어나기 전에 지하수가 갑자기 많아지거나 혹은 반대로 갑자기 적어졌다는 보고가 있었거든. 또는 지하수가 늘었다 줄었다를 반복하거나 지하수 표면에 파도가 생기기도 했지. 2016년 9월, 경주에서 지진이 일어났을 때도 마찬가지였어. 경주 근처인 경상북도 경산에서는 지진이 일어나기 나흘 전에 26mm의 비가 왔는데도 지하수 수위가 60cm 정도 내려갔어. 그리고 하루 전에는 경주에 비가 안 왔는데도 지하수가 50cm 이상 치솟기도 했단다.

그리고 지진이 일어나기 전에는 땅에서 천둥 치는 소리가 들리기도 해. 특히 대규모 지진이 일어나기 전에는 엄청난 소리가 들린다고 해. 암석과 토양에는 라듐이라는 물질이 있어. 라듐이 붕괴되면서 라돈 가스가 발생하는데, 지진이 일어날 경우 대부분 라돈 가스가 나온단다. 그래서 지하에서 나오는 가스에 라돈 가스가 들어있다면 지진이 일어날 것이라고 예측하기도 해.

지진을 예보할 방법이 전혀 없나?

날씨는 일기예보로 미리 알 수 있어. 그래서 태풍이 온다든지 호우 주의보가 내리면 비상식량이나 구호용품을 마련해 두고, 둑이나 담벼락 등이 무너지지 않도록 단속을 해 둔단다.

만약에 지진을 예보할 수 있다면 어떨까? 땅이 흔들려 건물이나 산이 무너지는 것은 막을 수 없겠지만, 적어도 사람들을 미리 대피시켜서 다치거나 목숨을 잃는 사람이 없도록 할 수 있을 거야. 그래서 지진이 일어나기 전에 어떤 현상이 있는지 많은 사람이 조사했어. 그러한 전조 현상을 안다면 지진에 대비할 수 있으니까 말이야.

그런데 문제는 이러한 전조 현상 이후에 지진이 언제 일어날지 알 수가 없다는 거야. 전조 현상이 몇 시간 전에 일어나기도 하지만 몇 년에 걸쳐 일어나기도 하거든. 때로는 전조 현상 없이 지진이 일어나기도 해. 반대로 이러한 전조 현상이 나타났어도 지진이 일어나지 않는 경우도 있단다.

이렇듯 현재로서는 아쉽게도 지진을 예보할 수 없어. 그럴 것이라는 예측만 할 뿐이지 일기예보 정도의 정확성은 없단다.

짧은 지진 예보도 도움이 될까?

지진이 언제 일어날지 알 수도 없는데 왜 사람들은 지진에 대해 연구하는 것일까? 지진을 막을 수 없다면 차라리 지진이 일어난 후에 어떻게 대처할지를 연구하는 게 더 낫지 않을까?

물론 지진이 일어난 후의 일도 중요해. 그래도 지진을 예측하는 지진 예보에 대한 연구를 멈출 수 없는 것은 확률 때문이야. 현재는 적어도 어느 지역에서 언제쯤 지진이 일어날 확률이 많다 적다 정도는 알 수 있거든. 예를 들어 새로운 도시를 건설한다든지 새로운 길을 낸다고 하자. 지진이 일어나기 쉬운 지역을 피해서 건물을 짓고 길을 낸다면 지진 피해를 줄일 수 있겠지.

또한 지진파는 전달하는 속도가 다르다고 했잖아. 위급할 때는 단 몇 초도 소중해. 몇 초 동안에 어떻게 지진을 피할 수 있을까 싶겠지만, 집 안에서 안전한 곳으로 피하는 정도는 할 수 있을 거야. 가스 불을 끌 수도 있고 책상 밑으로 들어갈 수도 있고 말이야. 실제로 10초만 먼저 알아도 사망자가 90% 줄어든다고 해. 일본은 최초로 지진 조기경보 시스템을 시도했어. 1960년대 고속철 신칸센을 개통할 때 지진이 발생하면 신호를 받아 열차를 멈추는 시스템을 도입했단다. 그 외에도 미국, 멕시코, 중국, 대만 그리고 터키 등에서 지진 조기경보 시스템을 실시하고 있어. 우리나라도 2015년 1월부터 지진 조기경보 서비스를 시행하고 있어. 규모 5.0 이상일 때 50초 안에 정보를 전파하고 있다고 해.

먼 옛날 사람들은 지진이 일어나는 이유가 신이 화가 났다든지, 지구를 받치고 있는 거대한 동물의 움직임 때문에 일어난다고 믿었다고 했잖아. 그래도 지금은 사람들이 끊임없이 노력하고 연구해서 지진에 대해 많은 것을 밝혀냈단다. 이처럼 계속 지진에 대해 연구하면 언젠가 지진도 정확하게 예보할 수 있게 될 거야.

동물들은 지진을 미리 안다?

동물들은 어떻게 지진이 일어날 것을 미리 알까?

2016년 9월 12일, 우리나라 경주에서 규모 5.8의 지진이 일어났을 때 사람들은 며칠 전부터 일어난 특이한 일들을 기억했어. 갑자기 백사장에서 개미 떼가 이동하고 숭어 수만 마리가 줄을 지어 강을 건너고 말이야. 혹시 동물들이 지진이 일어날 것을 미리 알고 안전한 곳으로 자리를 피한 게 아닐까?

개미나 숭어의 움직임이 지진과 관련이 있다고 과학적으로 밝혀지지는 않았어. 하지만 예로부터 지진이 일어나기 전에 동물들이 이상한 행동을 했다는 기록이 많단다. 1969년 중국

톈진 시내의 동물원에서 난리가 났어. 동물들이 평소와 다르게 소리를 지르거나 우리를 왔다 갔다 하며 안절부절못했지. 그리고 얼마 후, 규모 7.4의 지진이 발생했어. 1975년 하이청에서 지진이 일어나기 전에는 겨울잠을 자던 뱀들까지 뛰쳐나왔다고 해. 그리고 2008년 쓰촨성 지진 때는 두꺼비 수만 마리가 한꺼번에 이동한 후에 지진이 일어났어. 중국뿐만 아니야. 2004년 인도네시아 지진이 일어났을 때 많은 사람들이 목숨을 잃었어. 그런데 스리랑카의 국립공원에 있는 동물은 한 마리도 죽지 않았대. 지진 해일이 일어날 것을 미리 알고 높은 지대로 이동했기 때문이지. 이쯤 되면 진짜 동물에게는 뭔가 있는 것 같지?

동물에게는 육감이라는 것이 있다고 해. 그래서 아주 작은 변화에도 예민하게 느낀대. 물이나 공기의 변화 또는 지하수나 땅속의 변화를 느끼고 지진이 발생할 것을 미리 알고 안전한 곳으로 몸을 피한 것 같아.

그런데 이것은 어디까지나 가설일 뿐이야. 아직 과학적으로 밝혀진 것은 아니란다. 동물들의 이러한 예지 능력을 우연의 일치라고 주장하는 과학자도 있었어. 쓰촨성에서 지진이 일어나기 전에 두꺼비가 이동한 것은 그전에도 몇 번 있었던 것이라고 해. 그러니까 동물들의 이상행동이 단순히 지진 때문이라고는 할 수 없다는 것이지.

동물들은 어떻게 지진을 느낄까?

만약 동물들에게 육감이 있다면 어떻게 지진을 미리 느끼는 걸까?

새들은 발에서 예민한 진동을 느낄 수 있대. 그래서 지진이 일어나기 전에 얼른 안전한 곳으로 이동하지. 어쩌면 애완용 새들이 새장을 탈출하려고 난폭해지는 것도 그런 이유일지 몰라.

물고기는 지각 속 단층의 움직임을 알 수 있다고 해. 그래서 지진이 발생하기 전에 물 위로 떠오르는 모습을 자주 볼 수 있어. 1995년 일본 고베 대지진 때는 갑자기 물고기가 많이 잡히기 시작했어. 어획량이 평소보다 10배나 많아진 곳도 있었고 아주 깊은 바다에만 사는 물고기들이 떼를 지어 수면 가까이 올라온 곳도 있었대.

그리고 동물들은 아황산가스나 전자파의 변화에도 민감하게 반응한다고 해. 그래서 땅속에 사는 동물들이 더 빨리 느낄 수 있나봐. 심지어 겨울잠을 자던 동물들이 갑자기 보금자리를 박차고 나오기도 하니까 말이야. 1977년 루마니아에서도 지진이 일어나기 전에 갑자기 살무사가 땅 위로 올라와 얼어 죽었다고 해.

동물들의 이상행동으로 지진 예보를 할 수 있을까?

일본 고베 대지진 때는 특히 개의 행동이 가장 이상했다고 해. 평소에 얌전했던 개들이 갑자기 뛰어다니고 난폭해지기도 했고, 이유 없이 으르렁대거나 구슬프게 짖기도 하고 말이야. 그리고 고양이는 지진이 일어나기 전에 조용히 사라진대. 일본에서는 '지진이 일어나기 전에 고양이는 높은 나무 위로 올라가 운다'는 옛말이 있을 정도란다.

독일의 과학자 헬무트 트리부치는 세계 여러 나라에서 지진이 발생하기 전에 동물들의 이상행동을 모았어. 우리 밖으로 뛰쳐나가려고 하고 밤새 잠들지 못하고 울부짖는다든지, 겨울잠을 자던 동물들이 깨어나고 죽은 물고기 떼가 해변으로 몰려오고 말이야. 트리부치는 이러한 동물들의 특이한 행동으로 지진을 예측할 수 있다고 생각했어.

실제로 동물들의 이상행동으로 지진을 미리 예보한 적이 있어. 1975년 중국 하이청에서 동물들이 며칠 동안 아주 불안해했어. 그래서 주민들을 안전한 곳으로 대피시켰지. 그랬더니 정말 큰 지진이 일어난 거야. 그래도 다행히 미리 손을 쓴 덕분에 큰 피해는 줄일 수 있었어. 하지만 이듬해에 일어난 탕산 지진은 전혀 예측하지 못했어. 지진이 일어나리라고는 꿈에도 생각 못 했는데, 무려 24만 명이나 목숨을 잃었단다. 아무래도 동물의 행동만으로 지진을 예보하는 데는 문제가 있는 것 같아.

그래도 동물들의 육감을 완전히 무시할 수는 없어. 만약 동물의 지진 예지 능력과 과학 기술이 잘 어우러진다면 지진을 예측하는 데 큰 도움이 될 수 있을 거야.

일본에 지진이 자주 일어나는 이유

일본은 왜 지진이 많이 일어날까?

일본은 유라시아, 필리핀, 태평양, 북아메리카 판이 만나는 곳에 위치하고 있어. 먼 옛날에 일본 땅은 유라시아 대륙의 동쪽, 한반도 옆에 붙어 있는 대륙이었어. 그러다가 해양지각 판이 유라시아 대륙 밑으로 들어가면서 화산 활동이 시작되었지. 그러면서 대륙이 떨어져 나가서 생긴 것이 오늘날의 일본이야. 다시 말해 일본은 화산과 지진으로 만들어진 땅이란다. 그래서 일본 땅 아래에는 엄청난 에너지가 모여 있어.

일본은 환태평양 조산대에 속해 있어. 지각판 중에서도 가장 큰 태평양판이 유라시아판이나 북아메리카, 인도, 호주 판 등과 맞물리는 경계선을 말해. 세계 지진의 대부분이 이곳에서 일어나기 때문에 '불의 고리'라고도 불린단다.

2011년 동일본 대지진도 태평양판과 유라시아판의 움직임으로 오랫동안 쌓였던 지하의 에너지가 폭발한 거라고 할 수 있어. 이 지진으로 많은 사람들이 목숨을 잃고 집을 잃었을 뿐만 아니라 특히 원자력 발전소에서 방사능이 유출되었어. 이 사고 때문에 일본뿐만 아니라 전 세계가 두려움에 떨었단다. 피해가 엄청났지만 그나마 육지에서 수백 km 떨어진 바다 밑에서 발생하여 대형 쓰나미로 끝났지, 만약 내륙에서 발생했다면 더 큰 피해를 입었을 수도 있어.

규모도 규모지만 일본은 1년에 천 번이 넘는 지진이 발생하고 있어. 태평양을 둘러싸고 있는 환태평양 화산대에 속해있기 때문이지. 그런 이유로 지각 변동이 심해서 일본은 지진은 물론이고 화산도 자주 발생하고 있어. 또한 섬나라이기 때문에 해안 지방에는 쓰나미의 피해도 아주 많단다.

지진은 자연재해야. 인간이 손쓸 수 있는 데는 한계가 있어.

그래서 일본인들은 평소에 지진에 대해 많은 대비를 해. 도피 훈련도 하고 내진력이나 소방대책에 대해서도 많은 연구를 하지. 그 덕분에 일본은 잦은 지진에 비하면 피해가 적은 편이라고 해.

일본은 지진에 어떻게 대비할까?

일본은 워낙 지진이 많이 일어나기 때문에 지진에 대한 훈련도 자주 하고 시스템도 잘 갖춰져 있어. 지진이 발생하면 국민들에게 아주 빠르게 알려 주지. 일본 기상청은 지진 경보 시스템을 이용하고 있는데, 지진이 일어나고 3초 안에 경보가 울리고 핸드폰으로 재난 문자를 발송한다고 해. 심지어 기상청의 슈퍼컴퓨터는 지진이 발생하기 20초 전에 미리 감지하는 경우도 있다고 해. '20초 동안 무슨 일을 할 수 있겠어'라고 생각할 수도 있지만, 더 큰 피해를 막기에 그리 짧은 시간은 아니야. 앞에서 말했듯이 10초만 먼저 알아도 사망자가 90% 줄어든다고 하잖아.

일본으로 여행 가서 지진이 일어나면 어떻게 할까?

일본처럼 지진이 자주 일어나는 곳에서 살게 되거나 여행을 가면 한 번쯤 안전을 걱정할 거야. 그런데 일본은 지진에 대한 대비가 잘되어 있을 뿐만 아니라 외국인에 대한 배려도 잘 되어 있어. 실제로 일본에서 살던 한국인은 동일본 대지진 때 옆집에 사는 일본인 주부가 안전모를 쓰고 뛰어와서는 단수에 대비해 욕조에 물을 받으라고 미리 알려주기도 했대.

일본《도쿄방재》

그리고 도쿄와 같은 대도시에서는 지진을 비롯한 여러 재해에 대비할 수 있도록 책자를 만들어 보급하고 있어. 외국인을 위한 버전도 있고, 물론 한글 버전도 있지. 간단한 행동 수칙과 함께 생존 일본어도 실려 있어. 급할 때 '도와 달라'는 뜻의 '다스케테'를 일본 글자인 히라가나와 알파벳으로 적어 놓은 거야. 또 여행 중이라면 우리나라 영사관에서 문자가 올 거야.

그런데 일본 지진 매뉴얼을 보고 우리나라에서 그대로 하는 것은 옳지 않다고 해. 일본은 워낙 지진이 많다보니 건물을 지을 때도 지진에 대비한 경우가 많아. 그리고 일본은 집을 지을 때 무거운 돌이나 흙으로 집을 짓지 않아. 자칫 지진으로 무너지면 매몰 사고가 일어날 수 있기 때문이야. 그래서 일본의 집은 거의 나무로 지어졌단다. 그런데 우리나라는 일본보다 건물도 높은 편이고 대부분 콘크리트로 지어져 있기 때문에 지진이 일어나면 무너질 위험이 커. 그러니까 우리나라 지진 매뉴얼을 참고하는 것이 좋아.

우리를 지진으로부터 보호해주는 건축가들

지진에도 안 무너지는 건물이 있을까?

지진이 일어난 재해 현장을 보면 모든 건물이 무너지지는 않아. 모래성처럼 흔적도 없이 무너진 건물이 있는가 하면 생각보다 멀쩡한 건물도 있어. 건물도 지진에 대비해 지으면 더 튼튼하게 지을 수 있단다.

땅이 흔들릴 때 건물이 흔들리는 주기(회전하는 물체가 본래의 위치로 오기까지의 기간)와 땅이 흔들리는 주기가 같으면 건물이 심하게 흔들려. 보통 지진이 발생하면 높은 건물이 더 위험할 것이라고 생각하지. 하지만 대부분 고층 건물은 바람에 흔들리는 것에 대비해 건물을 지어. 건물의 진동주기와 지진파의 진동주기의 차이를 크게 해서 진동에 잘 견딜 수 있도록 설계하지. 반대로 낮은 건물은 땅이 흔들리는 주기가 비슷해서 피해가 고층 건물보다 더 크단다. 따라서 지진이 났을 때 무조건 밖으로 나오는 것보다는 건물 안에 있는 것이 안전할 수도 있어.

건물이 무너지지 않게 지을 수는 없을까?

지진에 잘 견딜 수 있게 건물을 짓는 방법을 '내진 설계'라고 해. 지진이 일어나면 위아래보다는 좌우로 움직여. 그래서 이렇게 좌우로 움직이는 것에 견디도록 건축물 내부의 가로축을 튼튼하게 하는 거야. 공공건축물 가운데 '지진안전성 표시제' 인증을 받은 건물은 내진 설계가 되어 있는 건축물이란다.

우리나라는 1988년부터 내진 설계를 의무화하고 있어. 당시에는 6층 이상인 건물에만 내진 설계를 의무화했지만, 2005년에는 3층 이상 건물 그리고 2017년 2월부터는 2층 이상 짓는 건물도 반드시 내진 설계를 해야 해. 그런데 우리나라 전통 가옥은 일찍이 내진 설계를 했단다. 한옥은 못이나 나사를 사용하지 않아. 재료를 암수로 구분해서 맞추거나 연결을 한단다. 그래서 건물이 틀어져도 부러지지 않아. 무엇보다 주춧돌 위에 기둥을 올려놓은 것이 바로 내진 설계를 한 것과 같아. 집을 지을 때 주춧돌에 기둥을 고정시킨다면 더욱 튼튼한 집을 지을 수 있을지도 몰라. 하지만 건물이 땅에 완전히 붙어 있다면 지진이 일어났을 때 엄청난 충격을 받을 거야. 그런데 기둥을 주춧돌에 올려놓기만 하면 땅이 흔들리더라도 건물은 따로 흔들리기 때문에 충격을 약하게 받는단다.

우리나라의 전통 건축물을 보면 돌을 쌓더라도 모양이 제각각이야. 돌담을 보렴. 서로 다르게 생긴 돌끼리 아귀를 맞추기 때문에 서로 잡아주는 힘이 생기면서 큰 힘에도 바로 밀리지 않는 거야. 지진에 대비한 우리 조상들의 지혜가 놀랍지?

또 지진의 충격을 그대로 견디는 것이 아니라 피해를 줄이거나 피하는 것을 '면진 설계'라고 해. 면진은 '지진을 면한다'는 뜻이야. 흔들리는 땅과 건물을 분리시켜서 그 사이에 진동과 충격을 줄이는 무언가를 설치하는 거야. 기초 바닥과 건물

사이에 고무나 스프링 등과 같은 장치를 넣어 건물을 짓는 것이지. 이렇게 땅과 건물 사이에 구조물을 넣어 건물의 고유 진동주기를 억지로 늘리면 강한 지진을 피할 수 있어.

그렇다면 단단한 땅 위에 있는 건물과 물 위에 있는 건물 중에 어떤 건물이 더 안전할까? 액체는 진동의 영향을 받지 않아. 1921년 일본 제국 호텔을 건축할 때 땅이 단단하지 않았어. 일본 건축 관계자들은 지진에 안전하지 않다고 건축을 반대했어. 하지만 미국 건축가 프랭크 로이드 라이트는 땅이 무르면 진동을 흡수해 안전하다고 주장했어. 그리고 제국 호텔을 설립했지. 그 결과 1923년 일본 관동대지진에도 무너지지 않았단다.

내진 설계나 면진 설계 이외에 '제진 설계'라는 것도 있어. 지진을 만들어서 지진을 잡는 방법이야. 지진이 일어나면 지진파와 반대되는 진동을 일으켜서 건물을 보호하는 방법이지.

원자력 발전소는 지진에 안전할까?

1986년 4월 26일, 우크라이나의 체르노빌 원자력 발전소에서 사고가 났어. 30년이나 되었지만 지금까지도 체르노빌 사고는 피해 규모가 어느 정도인지 알 수 없을 정도로 심각해. 생태계는 파괴되고 방사능 노출 때문에 암 환자 수도 엄청나게 늘어났지. 지금도 체르노빌 원전을 중심으로 30km는 앞으로 몇백 년이 지나도 사람이 살 수 없을 거라고 해.

2011년 3월 11일 동일본 대지진으로 일어난 후쿠시마 원전 사고 역시 아주 심각해. 원전 주변에서 방사능 물질이 검출된 것은 물론 땅까지 오염되었어. 그리고 일본은 방사능에 오염된 오염수를 바다에 함부로 버리고 있어. 그러면 바닷물 온도가 올라가 바다 생태계에 영향을 주고, 해류를 따라 흘러간 오염수가 먼 바다까지 오염시킬 수도 있어. 그런데 후쿠시마 원전 사고는 어느 정도 예상이 되었기도 해. 발전소를 지을 때 영국 보험사에 보험을 들려고 했지만, 보험사는 지진 위험 때문에 보험을 거부했거든. 보험사에서 거부했을 때는 그만한 이유가 있었겠지.

이렇듯 원자력 발전소는 위험한 요소가 많기 때문에 지을 때부터 일반 건물과는 다르게 짓는단다. 일단 원자력 발전소를 지을 때 지진이 일어날 가능성이 있는 곳은 피해. 그리고 원자력 발전소는 설계부터가 달라. 보통 고층 건물을 지을 때 흔들림에 따라 갈대처럼 휘게 설계해. 하지만 원자력 발전소는 반대야. 왜냐하면 지진이 일어났을 때 진동으로 원자로를 비롯한 내부 기기와 배관에 문제가 생기면 안 되니까 말이야. 그래서 원자력 발전소에 들어가는 주요 기기는 규모 6.5의 지진을 견딜 수 있어야 해. 구조물 자체를 단단하게 설계할 뿐만 아니라 발전소를 지을 때 벽과 기둥을 더욱 두껍게 만들고 철근도 많이 넣어. 진동에 잘 견디게 하기 위해서야. 그리고 원자력 발전소가 들어설 땅도 중요해. 1m^2당 700톤의 무게를 견딜 수 있는 암반에 철골 구조물은 X자 모양으로 보강해서 짓는단다. 그래야 건물이 비틀리거나 무너지지 않기 때문이야.

지진학자가 하는 일

지진학이 뭘까?

지진학은 말 그대로 지진을 연구하는 학문이야. 지진이 어떻게 전달되는지, 지구 안은 어떻게 생겼는지 그리고 과거에 일어난 지진과 현재의 지진은 어떤 차이가 있는지 비교해서 분석하는 것이야. 사실 지진학이 학문으로 인정받은 지는 오래되지 않았어. 실용적인 지진계가 발명된 1880년부터 알려지기 시작했지. 그전에 지진학은 주먹구구식이었어.

1760년 리스본에서 대지진이 일어나자 영국 케임브리지대학의 지질학 교수인 존 미첼이 지진에 대한 논문을 발표했어.

지진파를 이용해 진원지를 찾아내는 등 지진 연구에 활기를 불러일으킨 존 미첼은 지진학의 아버지라고 불리게 되었어.

이후 아일랜드의 로버트 말레는 지진대를 지도에 정확하게 표시하기 시작했어. 모호로비치치는 지진으로 지구 내부에 대해 알아냈지. 대부분의 지진이 환태평양 조산대에서 일어난다는 것을 증명한 학자는 미국의 베노 구텐베르크야. 그리고 1960년에 판구조론이 등장하고 지진의 원인을 설명할 수 있게 되면서 지진학은 한 걸음 더 발전하게 되었어.

최근에는 지진학의 범위가 훨씬 넓어졌어. 핵발전소 같은 산업 시설이 지진에 얼마나 위험한지 평가도 하고, 폭발물로 지진파를 일으켜 땅 밑의 지하자원을 찾아내기도 해. 그리고 지구 과학 분야에서 뛰어난 업적을 이룬 사람에게는 '베노 구텐베르크 메달'을 수여하고 있단다.

미국지질조사소나 일본 도쿄대학 지진연구소, 유럽지중해지진센터 등에서도 지진을 연구하고 있어. 우리나라에서는 기상청 국가지진센터와 한국지질자원연구원 지진연구센터를 중심으로 지진을 연구하고 있단다.

유명한 지진학자에는 누가 있나?

로버트 말레는 다리나 등대 같은 건물을 설계하던 기술자였어. 그런데 우연히 지진에 대한 책을 읽고 지진에 관심을 갖게 되었어. 나중에는 단순한 호기심을 넘어서 지하에 화약을 폭파시켜서 일부러 지진을 만들기도 했단다. 그리고 지도에 지진들을 표시한 것이 꽤 정확해서 오늘날에도 사용하고 있어.

그리고 앞에서 말했던 존 밀른도 빼놓을 수 없는 지진학자야. 밀른은 스물다섯 살 때 지질광산학과 교수로 일본으로 건너갔어. 그런데 1880년에 일본 요코하마에 강한 지진이 일어난 거야. 요코하마 지진으로 밀른은 지진에 관심을 갖기 시작했지. 그래서 일본 지진학회를 세우고 각 우체국에 엽서를 보냈어. 엽서에는 지진에 관한 질문으로 가득했고, 반송을 할 수 있도록 해 답장을 받았지. 그렇게 밀른은 일본에 있었던 지진이나 진동에 대한 자료를 얻어 지도를 만들었어. 그리고 직접 지진계도 만들었단다.

우리나라 제1호 지진학 박사는 누구일까?

우리나라 사람 가운데 처음으로 지진학을 전공한 분은 이기화 박사야. 이기화 박사는 원래 물리학을 전공하고 미국으로 유학을 가서 지진학을 공부했어. 당시 지진학이라는 말조차 생소했을 때였기 때문에 이기화 박사의 유학 생활은 쉽지 않았어. 수업 시간에 하는 말도 제대로 못 알아들을 정도였으니까 말이야.

그래도 이기화 박사는 열심히 공부했어. 얼마나 열심히 책을 파고들었는지 나중에는 시력이 나빠져서 안경을 쓸 정도였단다. 그리고 박사 학위를 따고 우리나라로 돌아와 서울대학에서 학생들을 가르치기 시작했어.

하지만 이기화 박사가 유학에서 돌아왔을 때 할 일이 별로 없었대. 우리나라가 지진이 자주 일어나는 곳이 아니잖아. 그러니 일어나지도 않은 지진을 연구할 수도 없는 노릇이었지. 그래서 전공을 바꿀까 꽤 고민을 깊게 했다고 해.

그런데 강원도 홍성에서 지진이 일어난 거야. 이 지진이 왜 문제가 되었느냐면 20km 옆에 고리원전과 월성원전이 있었거든. 1970년에 원전을 짓기 시작할 때는 활성단층이 없다는 결론이 나왔대. 그렇다면 왜 지진이 일어난 것인지 알아보려고 이기화 박사가 조사를 시작했어. 우선 우리나라에서 일어난 지진에 대한 자료를 찾아보았지. 이기화 박사는 신라 시대에 경주에서 100명이 넘는 사람이 목숨을 잃을 정도의 큰 지진이 일어났다는 것에 주목했어. 그만큼 강한 지진이 일어나려면 큰 단층이 있어야 해. 그런데 주위에는 양산단층밖에 없거든. 양산단층은 양산시를 거쳐 부산광역시에 이르는 영남지방 최대 단층대야. 이기화 박사는 이 양산단층이 바로 활성단층이라는 것을 밝혀냈어. 그전까지 한반도에는 활성단층이 없다고 했던 것을 뒤집은 거지. 결국 활성단층에 원자력 발전소를 지어버린 거야.

그 뒤로 우리나라도 지진학에 대한 관심이 높아지게 되었어. 지금은 고리원전을 연장 운전하지 않고 폐로하기로 결정했단다.

이제 우리나라도 더 이상 지진 안전지대가 아니야. 그리고 또 우리가 모르는 사이에 어느 단층에서 힘을 모으고 있을지 몰라. 그때를 대비해서 끊임없이 지진에 대해 연구하고 평소에 대비하는 훈련을 많이 해야 한단다.

지진이 일어나면 달려가는 사람들은 누구일까?

아이티는 남북 아메리카 대륙 사이의 서인도제도에 위치한 섬나라야. 세계에서 가난한 나라로 손꼽히는 나라이기도 해. 그래서 2010년에 규모 7.0의 강한 지진이 일어났을 때 피해도 더 컸고 피해 복구도 힘들었어. 이재민이 많다보니 다른 나라로 난민 신청을 하는 사람도 있을 정도였지. 하지만 세계 여러 나라에서 아이티를 찾아오는 사람도 많았어. 혹시 〈국경없는의사회〉라고 들어봤니? 〈국경없는의사회〉는 1971년 프랑스의 의사들과 의학 전문 언론인들이 설립한 의료 구호 단체야. 이미 아이티에서 활동하고 있던 〈국경없는의사회〉는 지진으로 역시 큰 피해를 입었지. 하지만 아이티를 떠나지 않고 대규모 긴급 구호 활동을 펼쳤어. 10년이 지난 지금도 구호 활동을 하고 있지. 환자가 있는 곳이라면 성별과 종교, 인종을 구별하지 않고 구호 활동을 하는 〈국경없는의사회〉는 2023년 튀르키예에 지진 때도 의료 구호 활동을 했어.

특히 튀르키예 지진 때는 하얀 헬멧을 쓴 사람들이 생존자 구조 작업에 나서는 것이 눈에 띄었어. 〈하얀 헬멧〉이라고 불리는 이들은 '시리아 시민 민방위대'야. 흰색 헬멧을 쓰고 활동해서 붙여진 별명이지. 튀르키예 지진이 일어난 곳이 시리아 국경지대이기도 하거든. 〈하얀 헬멧〉은 2012년에 소방관을 비롯해 약사, 제빵사 등 각계각층에 있는 약 2천 명의 자원봉사자들로 이루어져 있어. 시리아 내전으로 파괴된 건물에서 인명 구조 활동을 벌이다가 튀르키예 지진 때 생존자 구조 작업을 도왔지.

이 두 단체뿐만 아니라 세계 곳곳에서 도움의 손길을 보내왔어. 여러 나라에서 자원봉사자뿐만 아니라 구조대를 보내기도 했지. 물론 우리나라도 아이티 대지진 때 유엔 평화유지활동에 참여하기 위해 군대를 파병하기도 했고, 튀르키예 지진 때 구조대원을 파견해 무너진 건물 더미에 깔린 생존자를 구조하기도 했어.

대지진이 일어나면 많은 것이 파괴돼. 사람들이 목숨을 잃거나 다치고, 건물이 무너져 살던 집은 물론 공공시설까지 사용할 수 없게 돼. 몸과 마음을 다친 이들을 위로하고 도와주기 위해서는 더 많은 사람들의 손길이 필요해. 대단한 단체가 아니더라도, 직접 사고 현장을 찾지 않더라도 한 사람 한 사람의 소중한 마음이 큰 도움이 될 거야.

어린이 도서 목록

박지성의 열정, 도전, 전설이 된 축구 이야기
● 경기도학교도서관사서 추천도서 선정

도영인 지음 | 허한우 그림 | 크라운판 변형 | 164쪽 | 14,000원

불리한 신체조건을 극복하고 한국 축구 전설이 된 박지성 이야기. 태극전사 11년, 일본 교토상가FC, 네덜란드 PSV아인트호벤, 영국 맨체스터 유나이티드FC에서의 활약상을 만날 수 있어요.

강영우, 세상을 밝힌 한국 최초 맹인 박사

성지영 지음 | 이정헌 그림 | 신국판 변형 | 136쪽 | 12,000원

가족들을 차례로 하늘나라로 떠나보낸 소년. 이 소년은 설상가상으로 눈까지 멀고 맙니다. 하지만 이 소년은 한국 최초의 맹인 박사는 물론 백악관 공무원까지 되었답니다.

이세돌, 비금도 섬 소년 바둑 천재기사
● 한국어린이교육문화연구원 으뜸책 선정

조영경 지음 | 이정헌 그림 | 크라운판 변형 | 120쪽 | 13,000원

2016년 3월. 인공지능 컴퓨터 알파고(AlphaGo)와 이세돌의 바둑 대국에서 알파고는 4승 1패로 인간 이세돌을 이겼습니다. 이 책에서는 인간 이세돌의 값진 1승과 함께 과학의 발전 그리고 이세돌의 집념과 천재성을 만나볼 수 있습니다.

창의력 CEO 송승환의 멈추지 않는 상상력

송승환 지음 | 양민숙 그림 | 크라운판 변형 | 160쪽 | 13,000원

〈난타〉공연으로 세계적인 명성을 얻고, 평창올림픽 개폐회식 총감독까지 맡은 송승환의 창의력에 대한 이야기를 담고 있어요. 책벌레로 자란 어린 시절부터 배우와 공연연출가로 자신의 꿈을 이루어 간 이야기들을 들려줍니다.

스티브 잡스가 살아서 자동차를 만들었다면

황연희 지음 | 허한우 그림 | 신국판 변형 | 164쪽 | 12,000원

애플, 매킨토시, 아이폰, 아이패드 등으로 21세기 문화생활을 획기적으로 변화시킨 위대한 혁신가 스티브 잡스의 모든 것을 알려줍니다. 뛰어난 혁신가의 이야기 속에서 어린이 여러분이 앞으로 무엇을 배워 나갈지 발견할 것입니다.

록펠러, 나눔을 실천한 최고의 부자

엄광용 지음 | 김정진 그림 | 신국판 변형 | 152쪽 | 12,000원

석유 사업으로 세계 최고의 부자가 된 록펠러. 그러나 갑자기 시한부 생명을 선고받은 그를 구원해 준 것은 이웃에 대한 사랑, 나눔의 실천이었습니다. 록펠러 아저씨가 남긴 유산은 지금도 좋은 일에 사용된답니다.

법정스님의 무소유 이야기

조영경 지음 | 최주아 그림 | 신국판 변형 | 144쪽 | 14,000원

법정스님이 태어나서 열반에 이르는 순간까지를 그리면서, 법정스님이 남겨주신 교훈이 이야기로 재미있게 펼쳐져 있습니다. 어린이뿐만 아니라 어른에게도 필요한 무소유의 가르침을 만날 수 있습니다.

박영석, 세계의 지붕이 된 산사나이

이영준 지음 | 임하라 그림 | 신국판 변형 | 144쪽 | 12,000원

남극과 북극 그리고 지구에서 가장 높은 산까지. 인간의 손이 닿지 않은 어떠한 곳도 두 발로 걸어간 박영석 탐험대장 이야기가 어린이들의 용기와 모험심을 키워줍니다.

메시, 마지막 월드컵에서 라스트 댄스를 완성하다

채빈·황연희 지음 | 이정헌·인아워 그림 | 크라운판 변형 | 176쪽 | 15,000원

축구 천재에서 축구 왕국 신전에 들어선 리오넬 메시의 축구 이야기입니다. 축구가 좋아서 고통을 견딘 메시의 열정과 최정상의 선수가 되기까지의 꺾이지 않는 마음과 노력을 담고 있습니다.

박찬호의 노력, 끈기, 전설이 된 야구 이야기

임진국 지음 | 허한우 그림 | 크라운판 변형 | 180쪽 | 15,000원

박찬호 선수는 메이저리거가 단 한 명도 없던 대한민국에서 최초로 미국 야구장에 우뚝 서겠다는 꿈을 꾸었습니다. 여러분도 무엇인가를 이루고 싶다면, 박찬호 선수처럼 긍정적으로 믿고 노력하세요.

박태환, 0.01초에 승부를 거는 희망의 마린보이

임진국 지음 | 이정헌 그림 | 크라운판 변형 | 152쪽 | 14,000원

세계에서 출발이 가장 빠른 선수 박태환. 그 박태환 선수도 올림픽에서 부정 출발로 탈락하는 아픔을 겪었습니다. 움츠러들게 하는 약점과 큰 좌절을 극복하고 올림픽 챔피언이 되기까지의 성장 이야기가 고스란히 담겨 있습니다.

이승엽, 기록의 사나이 한국 야구의 전설이 되다
● 한국어린이교육문화연구원 으뜸책 선정

임진국 지음 | 허한우 그림 | 신국판 변형 | 152쪽 | 14,000원

야구를 좋아하던 장난꾸러기 어린이가 어떻게 아시아 최고의 홈런왕이 되었을까요? 그 비결은 바로 노력입니다. 노력은 결코 배신하지 않는다고 말하는 이승엽 선수의 모습은 어린이들에게 큰 감동을 줄 것입니다.

최경주, 그린 위의 챔피언이 된 완도 섬 소년

▎유정원 지음 | 허한우 그림 | 신국판 변형 | 132쪽 | 12,000원

골프장이 커다란 닭장인 줄 알았던 한 소년이 자라나서 세계 최고의 골프선수가 됩니다. 그 모든 것을 이룰 수 있었던 것은 자신과 가족에 대한 믿음이었습니다. 초심을 잃지 않은 최경주 선수의 이야기는 감동과 재미를 줄 것입니다.

116년 만의 올림픽 금메달을 딴 골프 여제 박인비

▎조영경 지음 | 이정헌 그림 | 크라운판 변형 | 120쪽 | 13,000원

박인비는 LPGA US 여자오픈 최연소 우승을 비롯해 LPGA 17승, 아시아인 최초로 LPGA 투어 커리어 그랜드 슬램까지 훌륭한 성적을 거두었지요. 그리고 최연소로 LPGA 투어 명예의 전당에 오르고 올림픽 금메달까지 땄어요.

박세리, 한국 골프의 전설 희망의 맨발 샷을 날리다

▎성호준 지음 | 이정헌 그림 | 크라운판 변형 | 160쪽 | 14,000원

IMF 시절 온 국민에게 희망을 안겨 준 투혼의 상징, LPGA 대회 25승, 세계 골프 명예의 전당 최연소 입성, 한국 골프의 전설이 된 박세리는 어떻게 대선수가 되었을까요? 이 책에서 그 이야기를 감동적으로 만나볼 수 있습니다.

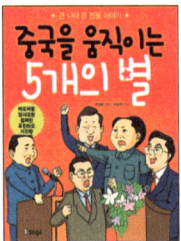

중국을 움직이는 5개의 별
● 한국어린이교육문화연구원 으뜸책 선정

▎추정남 지음 | 박승원 그림 | 크라운판 변형 | 160쪽 | 14,000원

현대의 중국을 만들어 온 다섯 명의 지도자 마오쩌둥, 덩샤오핑, 장택민, 후진타오, 시진핑을 만나 볼 수 있어요. 5명의 지도자들이 성장해 온 배경과 이야기를 알아가면서 오늘날의 중국을 이해할 수 있는 지혜를 얻을 수 있답니다.

쉿! 곰마를 구해줘요
● 동물사랑실천협회 추천도서 선정

고정욱 지음 | 전지은 그림 | 신국판 변형 | 120쪽 | 11,000원

4학년 철진이와 태수는 곰 농장에서 단란한 곰 가족을 발견합니다. 이 곰 가족을 지키기 위해 좌충우돌 감동의 모험이 펼쳐집니다. 동물에 대한 사랑과 어머니의 모정을 느껴보세요.

철가방을 든 천사

엄광용 지음 | 임하라 그림 | 신국판 변형 | 148쪽 | 11,000원

우리나라에 나눔의 씨앗을 뿌리고 하늘로 올라간 철가방 천사 김우수 아저씨의 이야기가 재미있는 창작동화로 나왔어요. 김우수 아저씨의 아름다운 이야기를 읽으며 모두 진정한 나눔을 배워봐요.

엄마 아빠가 읽었던 지혜 쑥쑥 이솝이야기

성지영 엮음 | 손명자 그림 | 크라운판 변형 | 156쪽 | 13,000원

〈토끼와 거북이〉에서는 누가 경주에 이겼을까요? 포도를 먹지 못한 여우가 등장하는 〈여우와 신 포도〉에는 어떤 교훈이 있을까요? 엄마 아빠가 어렸을 때 읽었던 이솝이야기를 통해 재미와 지혜를 만나 볼 수 있어요.

아름답고 지혜 가득한 이야기 왕국 안데르센 동화

최연희 엮음 | 손명자 그림 | 173×225mm | 186쪽 | 13,000원

안데르센 동화는 행복한 왕자와 공주들의 이야기에서부터 어려움을 당하거나, 가난한 사람들의 이야기까지 다양한 이야기가 들어 있어요. 엄마 아빠와 어린이들이 함께 이야기할 수도 있고, 상상력을 키워줄 수 있어요.

할머니가 엄마 아빠에게 들려주었던 전래동화

채빈 엮음 | 손명자 그림 | 173×225mm | 176쪽 | 13,000원

전래동화는 할아버지, 할머니 그 이전부터 입에서 입으로 전해져 내려온 이야기입니다. 〈송아지와 바꾼 무〉, 〈의좋은 형제〉, 〈짧아진 바지〉 등 교과서에 나오는 전래동화를 읽으며 온 가족이 이야기꽃을 피울 수 있습니다.

난 일기 쓰기가 정말 신나!
● 한국어린이교육문화연구원 으뜸책 선정

조영경 지음 | 이중복 그림 | 크라운판 변형 | 264쪽 | 15,000원

이 책은 일기 쓰기를 힘들고 어려워하는 어린이들에게 재미있고 신나게 일기를 쓰는 법을 알려줍니다. 네 명의 아이들이 겪은 여러 가지 이야기 뒤에 일기를 써넣어 일상의 경험이 어떻게 일기로 쓰이는지 쉽게 알 수 있습니다.

난 독서록 쓰기가 정말 신나!

조영경 지음 | 이중복 그림 | 크라운판 변형 | 188쪽 | 15,000원

책을 읽고 나서 느꼈던 감동과 생각을 재미있게 정리하는 방법들을 알려주는 책이에요. 줄거리 쓰기, 마인드맵 그리기, 말풍선으로 표현하기 등 다양한 표현을 통해 독서록을 써나갈 수 있어요.

난 논술 쓰기가 정말 신나!
● 한국어린이교육문화연구원 으뜸책 선정

조영경 지음 | 이중복 그림 | 크라운판 변형 | 240쪽 | 15,500원

논술이란 내 생각을 논리적으로 정리한 글이에요. 근거를 가지고 생각을 정리하면, 친구들이 내 생각을 알 수 있을 거예요. 서로 반대되는 생각을 가지고 있더라도 논술로 상대를 설득할 수 있어요. 이 책은 그 방법을 알려준답니다.

전 세계 엄마 아빠가 읽어주는
지혜 쑥쑥 탈무드

김미정 엮음 | 김서희·허한우 그림 | 신국판 변형 | 184쪽 | 14,000원

유태인의 5천 년 지혜를 모아 놓은 거대한 서적 탈무드를 어린이들이 쉽고 재밌게 만나볼 수 있도록 엮었어요. 12,000쪽의 탈무드 중에서 최고의 정수만 골라 7종류 45가지 이야기로 엮은 지혜의 책이랍니다.

세상에서 가장 재미있는 이야기 50
● 미국판 탈무드 도서

제임스 M. 볼드윈 지음 | 신국판 변형 | 208쪽 | 9,500원

미국 교과서를 만든 볼드윈 선생님이 인류의 역사 속에 등장하는 가장 재미있는 이야기 50개를 모아놓은 책. 오랜 시간 동안 사람들의 가슴을 울리고 웃긴, 마법 같은 힘을 가지고 있는 재미있는 글모음입니다.

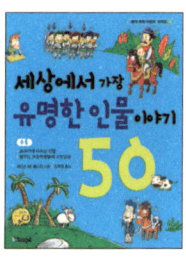

세상에서 가장 유명한
인물이야기 50

제임스 M. 볼드윈 지음 | 신국판 변형 | 216쪽 | 9,500원

진짜 꽃을 찾아낸 솔로몬 왕, 선원의 꿈을 포기한 조지 워싱턴, 키 작은 이야기꾼 이솝, 시를 처음 써보는 롱펠로, 페달 보트를 발명한 로버트, 아기 새를 구해준 에이브러햄 링컨. 흥미진진하고 지혜로운 이야기들이 들어 있어요.

괴짜 화가 달리와 함께하는
아주 쉬운 미술사

은하수·이경현 지음 | 이정헌 그림 | 신국판 변형 | 240쪽 | 14,000원

인류는 아주 먼 옛날 처음 지구 위에 등장하던 때부터 미술활동을 해왔다고 할 수 있어요. 미술사는 사람들의 생각과 미술활동이 어떻게 변해왔는지를 살펴보는 분야예요. 이 책은 미술사 공부를 아주 쉽게 할 수 있게 도와준답니다.

닐 암스트롱, 인류 최초로 달에 착륙한 우주비행사

조은재 지음 | 이정헌 그림 | 크라운판 변형 | 152쪽 | 14,000원

인류 최초로 달에 착륙한 우주비행사이자 평생을 겸손하게 살아온 닐 암스트롱 이야기. "한 인간에게는 작은 발걸음이지만 인류에게는 위대한 도약이다"라는 그의 말처럼, 암스트롱의 업적은 우주를 향한 위대한 도약이랍니다.

외규장각 의궤의 귀환 문화영웅 박병선

● 경기도학교도서관사서 추천도서 선정

조은재 지음 | 김윤정 그림 | 크라운판 변형 | 152쪽

이 책은 《직지심체요절》이 구텐베르크의 《42행 성서》보다 78년이나 앞선, 세계에서 가장 오래된 금속활자 인쇄본임을 밝히고 외규장각 의궤 297권을 찾아 대한민국에 반환하는 데 혁혁한 공을 세운 박병선 박사의 이야기입니다.

우리 신부님, 쫄리 신부님

● 한국어린이교육문화연구원 으뜸책 선정

채빈 지음 | 김윤정 그림 | 크라운판 변형 | 136쪽 | 14,000원

가장 가난하고 슬픈 마을인 '톤즈'에 찾아가 자신의 모든 것을 바쳐 나눔을 실천한 이태석 신부님의 이야기입니다. 모두가 외면한 그들에게 신부님의 친구가 되어주었고 이제 영원히 그들의 가슴속에 남았습니다.

마더 테레사, 가난한 사람들의 어머니

조영경 지음 | 임하라 그림 | 크라운판 변형 | 132쪽 | 15,000원

2021년은 테레사 수녀 탄생 111주년입니다. 이 책은 하나님의 몽당연필의 쓰임새로 불린 테레사 수녀님의 이야기입니다. 수녀님이 우리에게 남긴 희망과 공존의 가르침을 아기자기한 일러스트와 함께 전하고 있습니다.